文化人類學

NOTES ON CULTURAL ANTHROPOLOGY

劉其偉　編譯

文化人類學

NOTES ON CULTURAL ANTHROPOLOGY

劉其偉　編譯

藝術家出版社印行

著者的話

由於今日國際交流頻繁，文化人類學已受到一般大學的普遍重視；詳言之，文化人類學原是一項專門學問，但在廿世紀末的今天，對一般文化人而言，已成爲一種必具的「現代知識」。

文化人類學的發展，迄今已有百餘年歷史，由於各國學者觀點的差異和研究方法的不同，因是出現了許多派別和理論。這些理論和派別，基本上是依各種不同文化，產生了各種不同的社會發展，繼由其引起的作用等複雜問題而發展的。目前台灣出版此類論述書籍頗多，諸如陳國鈞及宋光宇教授的「人類學導論」，李亦園教授的「人類學與現代社會」、王嘉雲及張恭啓教授的「當代文化人類學」，以及大陸出版童恩正教授的「文化人類學」等，都是研讀文化人類學最具權威的範本。至如本書，乃對文化人類學既往的研究和實踐，做了一個扼要的整理，同時對「應用人類學」及其未來開拓的分野與學術研究方向，也劃出一個概略的前瞻。主要內容，是給我自己在東海和中原大學所開「通識教育」和「文化與藝術」兩門課程做講義，同時也給研習相關科系的學生們提供一些課外參考。

本書的出版，筆者儘量附插許多圖片，裨使學生們從圖畫的欣賞中，進而誘發他對枯澀文字閱讀的興趣。

劉其偉

一九九一 中原大學建築系

PREFACE BY THE AUTHOR

Owing to the frequent international contact nowa-
days, cultural anthropology is adquately valued by many
universities. Although it used to be a professional learn-
ing, it has become a required "modern knowledge" to all
the educated people in the late 20th century.

The study of cultural anthropology has a story of
more than one hundred years. Because of various views
and different approaches, cultural anthropology has
evolved several theories and schools. Basically, these
schools and theories have been formed and developed by
many kinds of cultures and the interactions within them-
selves.

Many books of cultural anthropology have been
published in Taiwan and Mainland China mostly with
authoritative standards. As to this book, it is a collection
of my past studies: theory and practice. It is also an out-
lined vista, classification and orientation for the future
study of the "Applied Anthropology". The major con-
tents of this book are originally teaching materials for
my two courses "Liberal Education" and "Cultures and
Art" which I have been teaching at Tung-Hai University
and Chung-Yuan University respectively. In addition,
this book could be treated as one of the refrences for
non-majors in the field or anthropology.

In this book I have put many color plates expecting
that through the help of these illustrations, students are
able to go further with this hard reading.

Max Chiwei Liu

Department of Archifecture
Chung-Yuan University
Taiwan, 1991

目錄

1.文化人類學分工名稱的商榷

　　文化人類學的分野，計有體質人類學（physical anthro-
pology）、社會人類學（social anthropology）、民俗學
（folklore），日文或稱土俗學等，相似的名稱很多。這門
學問的名詞依國度的不同，它的區別法和命名法，常常是
不同的。甚至有時也由於學者們不同的見解，所用的名詞
也有異。在一次世界大戰時，英國稱文化人類學爲社會人
類學，由於二次世界大戰後，美國成爲世界分野的中心地
，故此美國的區分法，遂爲世界各國普遍地採用。

1. 美國的用法

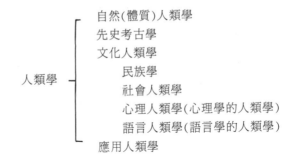

　　美國對於這門學問，乃以「人類統合的研究」爲基礎，
作爲「人類學」的分野。英文 anthropology 乃源自希臘
anthropos，其中有三大分野。
　　其一是稱做「自然人類學」（physical anthropology）
。physical一字，意指「有關人類身體」的形容詞。日文
的「文化」意指「自然」的研究，故譯爲「自然人類學」
，中文則譯爲「文化人類學」，而對人體的「形與質」的
研究，日本譯爲「形質人類學」或「身體人類學」，中文

則譯爲「體質人類學」。

體質人類學的部門，例如皮膚、眼瞳的顏色、髮色與形狀、身高或體軀各部的尺吋和比率、血型、指紋及身體上的特徵等的研究，以上述各種要素作爲人種的分類，同時對於體質因環境所產生的變化等問題，也加以分析。故此這一部門，其領域乃屬於生物學的一分野，與醫學上的解剖學、遺傳學、優生學、生理學以及法醫學等的關係，尤爲密切。其中相互重合的研究時，也許可以納入動物學的研究。

其次是先史考古學（prehistoric archaeology），它是發掘遺跡對先史時代有關種種事項的研究，這是歐洲方面一般的分野，至於日本的考古學，由於傳統的關係，所謂考古學乃屬於歷史學（史學）的一分野，若就大學的制度而言，考古學乃設在大學裡的史學研究室。

但在史學中的其他分野，乃以「文字記錄」爲資料而進行研究。但在考古學方面，則以「發掘」爲其研究手段，故上述兩者，它所採用的方法論根本上是不相同的。從發掘中出土的陶器，加以化學的分析，檢討它的製法，或用放射性碳14推定它的年代等。甚或把出土的植物種子、貝類、獸骨等等加以分析，研究當時動植物與生活狀況等。這些工作，完全是屬於自然科學的方法，它與古生物學及地質學的關係非常密切。至如從遺跡中出土的人類骨骼的研究，則與自然人類學重複。因此美國的學者，爲了避免重複，索性把考古學從史學中分開，把它納入在文化人類學裡。而且，先史考古學實與文化人類學有密切關連，故此先史考古學也可視爲文化人類學的一個部門。關於上述的發掘工作中，自然科學的分析技術佔著相當重要的地位，它與文化人類學對現存民族調查研究的方法論是不相同的。

上述的兩大分野平行底存在，一般統稱其爲文化人類學（cultural anthropology），它是專指以現存自然民族（

大陸藍田猿人的復元圖。我國幅員廣大，地下蘊藏
人類化石與文化遺物非常豐富。在本世紀二十年代
初期，中國古人類學的發展，目前在國際上已佔著
極其重要的地位。

矇昧民族）為對象，研究它的生活、習俗、社會結構、家
族形態、價值觀、以及信仰等的一門學問。只是有關它的
研究，領域已擴展至最近文明社會的範圍，諸如農村實態
的調查等，且更以都市為對象，提倡一門嶄新的學問如「
都市人類學」。可是大部份的研究對象，比重仍偏重於原
始社會(primitive　society)，由於文明的入侵，原始社會
今日已逐漸步入文明化，而變為一種所謂「發展國度」(de-

veloping countries）的社會，是無需置疑的。要言之，大凡研究這種各類各色的人類文化樣相的比較和分野，因此稱它為人文人類學。

既往在文化人類學中，常有使用「未開化社會」或「無文字的社會」（none–literate society）、「野蠻人」（savage people）等名詞，由於它含有蔑視之意，自一九三〇年才開始避免使用此等不尊敬的名詞，甚至對少數民族（minority）一詞，也有不少學者在研究，究竟如何去找一個更優美的名詞來代替。

在此一領域中，以最基礎的諸民族（種族）文化比較的研究，稱它為民族學（ethnology），對於諸民族文化記述與分野，則稱之為民族誌學（ethnography）。這些諸種文化與諸民族的比較研究，尤其對於家族與親族、地域社會（community）與社會組織以及經濟、政治組織中心的研究與分析，也有些國家特定為一個獨立部門而稱為社會人類學（social anthropology）。

心理人類學（psychological anthropology）在早期的名稱叫「文化與人格論」，意即「由於住民居住在某種文化的環境而形成了某種的人格」的問題等研究。由於這門心理研究領域，分野日漸更見廣闊，即各種心理學的問題諸如因文化變化所產生的適應問題，以及宗教現象等等的研究，最後改稱為「心理人類學」。但近年或有學者認為與其稱為「心理」一詞，毋寧更著重於「精神」，故此也有提議改稱「精神人類學」（spiritual anthropology）。

語言人類學（linguistic anthropology）的「語言學」一詞，在文化人類學中，實為獨立的一個部門。惟近年由於強調語言學、社會人類學及心理人類學三者合在一起來研究，因此產生了此一嶄新部門稱為「語言人類學」。

事實上，若就語言而言，與它鄰接的領域，應與地理學，尤其與人文地理學或文化地理學以及社會學的關連最深。社會學與社會人類學也是非常接近，故此社會人類學，

有時也被稱爲「比較社會學」。在社會學中，若就其歷史
的觀點來觀察，實際上它是從文明社會的研究開始出發，
故社會學與研究無文字社會的文化人類學（社會人類學）
是不同的。但在人類學之中，在它的領域有時也會涉及文
明社會的農村或都市的研究等諸種問題，故此社會學與文
化人類學自亦不免會出現重複。

上述的心理人類學與心理學、精神醫學（psychiatry）
有密切關係，而語言人類學則與方言學有密切關連。

應用人類學（applied anthropology）是把人類學的諸
種部門的應用部份，納入一個模式。例如帽子、衣服、鞋
子、椅子、桌子等，乃依使用的人類集團的不同，它的形
式和大小，自是不能不加以改變。這一方面的研究乃屬於
自然人類學的應用部門，與人體工學(human engineering
)頗有重複之處。此外，例如自然民族社會與文明社會接觸
所發生的諸種問題、人種差異問題的解決法、社會與醫院
等所產生的人事管理問題等等，都是文化人類學的應用課
題。而社會學與企業社會學重複者，日本則稱它爲產業人
類學。

最近美國尚新闢一門稱爲「醫療人類學」（medical an-
thropology），當爲文化人類學分工日趨細微的一例。

2. 歐亞兩洲各國的分類法

英國的分類法酷似美國，人類學區分爲自然人類學、先
史考古學及社會人類學三大別，而不用文化人類學的名稱
。專就自然民族社會結構來做中心的研究，是英國的特
色。

另一方面，不同於美國分類法，在對照上較爲顯著的是
德國和奧地利，即德國所稱的人類學（anthropologie）與
美國所謂自然（形質）人類學及民族學不同。民族學研究

的中心有民族文化史，大都把它包納在先史考古學之內，故沒有人類學和民俗學的名稱。要言之，德國與美國之間，根本上對人類學的觀點不同，美國的觀點是要把握人類各面統合的要點。但德國對此並不關心，毋寧對個別的分野發掘為其重要的目標，這也許是德國人重視學問的專門分化有以致之。

亞洲方面，日本在二次大戰前係屬德國派，對於社會、文化面的研究，普通稱為民族學或土俗學，迨至戰後因受美國的影響，方有文化人類學的名稱。在日本，民俗學或文化人類學兩個名詞，乃依個人的愛好而使用。嚴格地來說，在德國係專指自然民族的研究，而且歸納在民族文化史裡面來作分析討論，但在美國則包括文明民族在內，一如文化論包括著非常廣闊的領域。從這裡來看，日本對人類學名稱的使用，德美兩派兼具，至今還沒有確定的標準。

日本在一八八四年創立有日本人類學會，它是屬於專門研究自然人類學的學會。此外，在一九七四年設立日本民族學會，包納文化人類學及社會人類學兩大分野。繼之，一九七四年以民族學會為中心，在大阪世界博覽會舊地設立國立民族學博物館，它是文化（社會）人類學的研究所兼博物館，規模最大的一個機構。

在台灣，民俗學（folklore）一詞，意指民間舊俗──庶民的風俗習慣、生活技術、傳承等等研究，而與專為研究自然民族的文化人類學不同。狹義一點來說，民族學乃以文明社會村落庶民傳承等的研究為中心，而且著重於諸民族的比較而帶有「比較文化的（cross-cultural）」的特徵。目前台灣規模最大的研究中心有中央研究院民族學研究所，統合民間舊俗與文化人類學的兩門學問，把民俗學納為文化人類學的一個分野。關於人類學蒐藏的學術機構有省立博物館人類學組、國立自然科學博物館、台灣大學人類學系及中央研究院民族學博物館。

參考文獻 :

- Chapple, E.D. and Coon, G.S. 1942, Principles of Anthropology, New York.
- Keesing, F.M. 1958, Cultural Anthropology, New York.
- Lowie, R.H. 1940, An Introduction to Cultral Anthropology, A New Enlarged Eddition, New York.
- Jelinek, J. 1975, The Evolution of Man, Hamlyn, London.

2.人類進化與種族

1. 人類的演化過程

人類祖先的出現，可以追溯遠至古地質時代第三紀初頭原始的靈長類。根據人類學的發現，生存在非洲第四紀的猿人類是當時最古的人類，它是一九二四年在南非 Taung 地方的一個採石場中出土，經 Dart, R. A. 的調查，認爲係屬於一個六歲少女頭骨的化石，觀察它的腦容積乃屬頗具優勢的類人猿形質，即較「猿人」更具智慧的「人猿」，故稱它做非洲類人猿（Australopithecusafricanus）或南猿。

其時在東非方面，對古人類的發現，也有可觀的發展。它是由 Leakey, S. B. 在 Olduvai 地方於一九六四年發現的人類型標本，命名「巧手人」（Homo habilis），是人的另一種形態。它的腦容積比南猿更大，顎骨比現代人稍小，但幾乎近似現代人。拇指比類人猿發達，足脛也很發達，完全可以直立步行。人類所作最古老的工具，所謂「礫石文化」，實由這些巧手人開始的。

前此，在科學界稱「直立人」（Homo erectus）係一八九一年 Dubois 在爪哇東部 Solo 河流域最早發現。一九二七年在中國河北周口店的石灰岩洞穴中，也發現了許多這一類人的化石殘骸，命名爲「中國猿人北京種」，簡稱「北京人」（Peking Man）。直立人化石在中國河南、陝西藍田、阿爾及利亞的 Ternifine 以及匈牙利的 Vertesszollos 都有過發現。

直立人和南猿人最基本的差別在於腦容積。南猿的腦容積約500c.c.至600c.c.，很接近大猩猩的腦量，而直立人的腦量是從800c.c.至1200c.c.超過了猿類。腦量表示學習能力與智慧。另一差別則爲直立人的上顎和臉部後縮，近似現代人的形態。

在某些區域，直立人和南猿可能共同生存過一段時期，在 Olduvai 峽谷的第二地層，曾發現直立人遺骸，年代是距今五十萬年前的第二冰期。第二層底部還發現更古老的

遺骸，年代是在第一冰期，而在中國和爪哇出土的標本，年代也都是在第二冰期。祇有爪哇 Sangiran 的標本，是早到七十萬年，在同一地方也曾發現巨猿(Meganthropus)的下顎骨，這些巨猿一般學者認為是東方的南猿。

南猿生存在非洲和其他區域，持續約400萬年，它們與直立人共生的時光也有50至25萬年。可是許多學者對南猿、巨猿和直立人的差異辨別，弄得非常迷糊，可能由於此一時期正是南猿演化成直立人的過渡階段，因此使人分辨不清。

直立人生存在地表上能佔優勢，主要是因腦部的擴大。其時已知創作和運用石器，而且生存更是依賴知識文化，對狩獵的分工合作。同時能夠在自然淘汰的重壓下繼續生存，即有賴將種種社會行為，與社會的知識累積起來，並傳遞至下一代。

Olduvai 峽谷斷面圖，地理位置在東非，是考古學上1964發現新人類型—巧手人(Homo habilis)頭骨的地方。

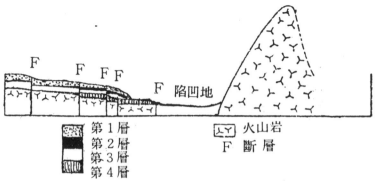

第１層
第２層
第３層
第４層
火山岩
F 斷層

Zinjanthropus baicei 層位的猿人類頭骨。1959Leakey 氏在東非發現人類在猿人階段的頭骨,它比南猿人更近似人類,由於它的口蓋部作穹隆形,猜測其時可能言語,而且也會使用燧石作工具。

　　人類自直立人的出現,文化演進的速率,就超過了體質的演進。為求生存,對文化的創新與改進,取代了動物界的改變自己以求適應的現象。此後人類的適應,都是文化上的適應與變遷。

2. 尼安德特人

　　假如把腦容積的增加,視它與其語言能力的發展有密切關連,果則能說話的人類,應在第三冰期或在第四冰期則已出現。時間距今約十萬年前,這種更新世晚期的人類化石,稱「尼安德特人」(Neanderthaloids or Neanderthal man),它也是人類發展史上屬早期智人階段。從更新世早期起,他們就居住在歐洲,最早標本是一八五六年發現在德國尼安德特峽谷而得名。

　　考古學家都同意歐洲的尼安德特人是人(Homo)屬的一分子。可是對於「屬」之下的分類問題卻頗有爭論。「屬」之下是「種」。但也有學者認為有些尼安德特人是尼安德特種(Homo neanderthalensis),而另外有一些則歸納於「現生人種」(Homo sapiens)。另一方式的分類

法，是種之下再分為「亞種」（sub-species），即將一般通常所稱的尼安德特人，命名為「Homo sapiens neanderthalensis」，而把在更新世末期與更新世以後的人類，名之曰「Homo sapiens」。我們探討人類的演進的一般過程，也許最好儘可能避開這種分類上的困擾。

此外，有些學者認為尼安德特人是歐洲早期人類中最古老的遺骸，但也有學者認為它就是現代人。

一八八六年在比利時又發現類似的化石，且伴有打製石器和一些已絕滅的獸骨化石。現在還不清楚，上述兩者的人類，到底誰是尼安德特人的祖先，其時間似可追溯到歐洲的10～15萬年以前的冰河期。尼安德特人一方面有直立人的原始特徵，同時另一方面也酷似現代人。目前研究人類進化的學者，大多同意將尼安德特人，當作智人的早期代表。

從直立人經尼安德特人階段，演化成為現生人種，是一個非常緩慢而逐漸發展成為真正人的過程，學術上通稱「人化過程」（sapienization）。故此，尼安德特人的任何一個化石標本，都不妨視它為「人化過程」中的一環，實不必把它看成完完全全的現生人種。何況，化石記錄也無法告訴我們，它的語言能力到底達到怎樣的程度。我們只能這樣說：「這一連串體質結構上的變化，可以表示從原始的人類轉變成為真正的人類。」

既往發現尼安德特人的地方很多。其中包括德國尼安德特峽谷，比利時的 Spy，法國的 Moustier 及 La chapelle-aux-Saints，義大利的 Monte Circeo，以及西歐地區的遺址。

古典型的尼安德特人的特徵，眉脊粗大，頭穹拱很低，外型粗壯，這是由於生活在嚴寒第四冰期的緣故。其時古典尼安德特人是沿著冰河邊緣以狩獵為生。但在第四冰期，歐洲中北部由於「ice sheet」覆蓋了整個地表，冷得使人無法生存。因此西歐與東歐、以及南歐的尼安德特人，

就失去了接觸的機會。但在同一時期，東南歐氣候比較溫暖，因是住在這裡的尼安德特人，他們的體質結構要比古典型尼安德特人進步。

人種繼續向前演化，大約距今四萬年前，首次出現了現生的人種。科學界曾盛行過這樣的推測，認為尼安德特人早已絕滅，不過他們的遺傳因子卻或多或少的成為現生人種基因的根本。

從尼安德特人居住過的洞穴、岩棚或空地上，根據伴隨出土的木炭、灰燼、爐灶遺跡，可知當時已普遍用火。獸骨很多，也有魚鳥骨骸。還有植物種籽等遺存。石器製造技巧已知採用粗木段裝配打製石器，及其他手工製品的做法。石器已多樣化，並製造出大批器型「標準」的石器。已能有意識地埋葬死者，也有一些獸骨，似是出於一種儀式上的犧牲。

近年來有關上述的證據逐漸增多。南斯拉夫的 Krapina 地方發現許久更新世中期尼安德特人的化石，他們既像現代人，但也很像古典型尼安德特人。如果我們重新仔細研究尼安德特人和初期現生人種的(Cro–magnon man)，將會發現以前曾強調兩者差異之點，事實上可能太誇大了。

在人類學中，最早從事這方面研究是歐洲學者，他們由於地緣關係，研究目標只集中於歐洲，因是出土的化石標本，數量遠較世界其他各地為多。事實上，在亞洲與非洲所發現的更新世中期和晚期的化石，數量雖不豐富，但也足夠說明舊大陸人類演化的過程。

在非洲，從撒哈拉沙漠以迄南非好望角，都有尼安德特人在更新世晚期取代了直立人的地位。又在摩洛哥 Jebel 及 Ighoud 地方，東非的肯亞，南非 Transvial 的 Florishad，南非海角省的 Saldanha Bay，上述各地所發現的標本，年代都只相當於更新世晚期，大概在非洲人化過程要比在歐洲來得晚。

在亞洲，主要遺址是在中國、爪哇和沙撈越。在廣東省

Ain Hanech石器

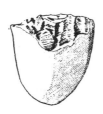

Olduvai石器

上圖是猿人類所製的礫石器，大小大致是10cm，
它是一種單純造型，只由一個方向的加擊而成。

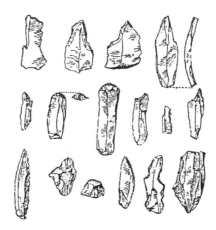

下圖是後期舊石器時代，亦卽新人類，諸如Cro-
Magnon及Grimald 所造的石器，四面皆經打製成扁形
的刀刄（石刄），我們不妨視它爲今日木工工具的「祖
型」。

馬壩地方曾發現所謂馬壩人，它的腦容積頗與現代人相似，只是臉部形態並不完全像現代人，年代推定是屬於更新世中期末或晚期初。此外，同屬尼安德特人類型的化石，在四川、湖南，及廣西都有出土。

婆羅洲的尼亞洞穴（Niah Cave），也曾發現完全屬於Homo sapiens 的殘骸，用碳14測定年代是距今四萬年前，較歐洲同一形態標本的年代早了一萬年。因是或有學者認為，若要尋求「人化歷程」，亞非兩洲的資料是不可忽視的。

3. 種族的區分與分化原因

從更新世晚期到現在，人類與動物不再出現新的物種，但受生存的壓力則從未間斷。當一群人遷移到一個新的環境，自然條件與文化因素，使得這群人在遺傳上與其他的人隔離，該群體的基因庫中的某些基因，可能出現頻率特別高，此一現象在分類學上有深遠的意義。體質人類學家習慣上稱這種具有特別特徵表現的人群為「種族」（race）。

雖然每一個種族都可能曾經歷過數千或數百年的隔絕孤立狀態，而表現出相當幅度的基因出現頻率上的差異，可是從整個生物現象上來看，仍是微不足道的。只要基本的基因變化，還未累積到足以促成新種出現的程度，任何種族上的差異現象，都會由於彼此婚配交媾而改變，甚或於湮沒。因此「種族」無法看成是演化上的一個單位。換言之，人科動物已經經歷了一千四百萬年的演化過程，而今種族的岐異現象，在相比之下，實微不足道，只有社會性的差異，才是我們今日探討質疑的問題。

種族基本上是一個繁殖群體（breeding population）在種族的基因庫中，可能有少數一、二基因在出現頻率上起

了特殊的變化，才使整個種族表現出特殊的表徵。學術界多年來根據可行的測量和比較，把現生人種劃分爲「高加索種人」（Caucasoid），「尼格羅種人」或「小黑人」（Negroid）與「蒙古種人」（Mongoloid）。將人種區分爲三類的方法，使我們清晰的了解人類的外表特徵，可是對於種族差異問題，仍須注意的，乃爲族內的差異情形、族群間的差異，以及非適應性的差異等等。

由於近代人種學認爲人種絕非是一成不變的。Coon, C.對今日世界人類，更分爲五個大地域性種族：高加索種人；蒙古種人；剛果種人（Congoid），包括人侏儒（Pygmy）與尼格羅人；海角種人（Capoid），包括其他的非洲人與布須曼人（Bushman）；澳大利亞種人（Australoid），

沙撈越 Niah Cave 1948年出土的丹形石斧。Niah 洞面積計27英畝，埋有豐富的史前文物，包括舊石器和新石器時代的各種石器，以及39,000年前的Homo sapiens頭蓋骨，爲今日東南亞最重要的人類學考古遺跡之一。

包括澳洲土著、新幾內亞土著及印度尼西亞各島嶼的民族。Coon氏且認爲這種分類情形自直立人時代即已存在，意指在五十萬年前的直立人，其時依不同分布的地區，已分爲五個品種（races）或亞種（subspecies）。例如在東非Olduvai峽谷的直立人是爲剛果種人；爪哇Trinil的直立人是澳大利種人；中國周口店的直立人是蒙古種人；德國的直立人是高加索種；北非的直立人是海角種人。上述的五個亞種維持數十萬年而不變，主要是五個獨立群體之間，因爲沒有交換過基因的緣故。

關於種族分化的原因，學者都深信當地理環境變動時，生活在這一地區的人，他們的基因，就會承受天擇的壓力。於是，適合這種新環境的基因，出現頻率遂逐漸增加；不適應的基因就逐漸被淘汰。

文化和自然的壓力對於某些內部基因型態特別有利，就會使它擴張，並直接影響到生物性適應的結果。故此，種族差異現象是適應環境的結果，而不是系統發生過程上的必然事實。

參考文獻：

- 石田英一郎・寺田和夫・泉靖一・曾野壽彦「人類學」，東京大學出版社，1961.
- H.Vヴアロワ，寺田和夫譯「人種」，クセジエ文庫，1971.
- J.Jelinek, The Evolution of Man, Hamlym, London, 1976.
- Buettner–Janusch. J., Origins of Man, Physical.
- Anthropology, Wiley Chichester, 1966.

3.狩獵民的文化與社會

1. 狩獵民的人口減退

狩獵和採擷野食，是人類古來的經濟手段。人類最初具有文化就是狩獵採集民，它持續了數百萬年的所謂舊石器文化（ Paleolithic　culture ），都是屬於這個狩獵採集民文化。

約在一萬年前，當人類發明了植物的栽培和畜牧方法以後，世界各地人口則急速增加此一現象，亦即表示農業、畜牧人口的增加，相對的狩獵民人口的減少。尤其在15世紀，地理的諸種發現以降，由於各地和歐洲文明的接觸，狩獵採集社會及其人口則急速遽降。在目前的推斷，世界各地也許只剩下數十萬人，這個數字和世界總人口比照，只佔0.001％。

根據一九六八年 Murdock, G. P. 的調查，現存的狩獵採集社會，如圖所示 ，我們要注意分布圖中的重點，即狩獵

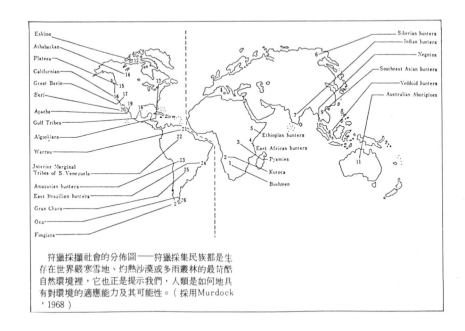

狩獵採擷社會的分佈圖──狩獵採集民族都是生存在世界嚴寒雪地、灼熱沙漠或多雨叢林的最苛酷自然環境裡，它也正是提示我們，人類是如何地具有對環境的適應能力及其可能性。（採用Murdock，1968 ）

民都是生存在最苛酷的天然條件下的邊陲和內陸地區。換言之，世界上最合適的地區都被農耕社會與文明社會所佔領，只有不合適人類生存的地域，剩下來的土地，才是狩獵民的生活圈。

狩獵民的減少與生活圈的狹小化，目前正在急速地演進中，同時他們的傳統文化與社會結構也同時在逐漸崩潰。圖中所示諸社會中，在目前而言，不少地區已放棄了採集生活，也有不少的地區因外來的文化的入侵，而改變了他們原有的面貌。

圍繞住他們的自然環境，都是嚴寒的極地和熱帶雨林，內陸的沙漠與偏遠的島嶼。這些地區都是顯示著極端的對照與多歧。例如北極與阿拉斯加，婆羅州、巴西、中南美洲的熱帶雨林，澳洲腹地的沙漠，北美大盤地等的原住民，都是世界現存少數民族最後生存之地。

他們的自然環境對人類是苛酷的，但他們都有適應於各種環境的身體形質與文化。這等多樣的環境與多樣適應的諸形態的狩獵採集生活樣式，當然是受到自然的直接影響所致，同時也正是提示給我們，人類是如何具備對環境的適應能力及其可能性。

2. 狩獵民的文化與社會

狩獵民文化是多面而類似，各部族之間也有不少是共通的。原因是狩獵採集民的生存方式大致相同，而產生的文化的類似性也是必然的。同時這種文化，也是表示人類所獲得諸文化中，較為長期間而又安定的文化型態。

這種自然民族的文化，既往我們稱它為「未開化」或「矇昧」文化，大都屬於單純而小規模的文化。雖然在名稱上似有鄙視之意，事實之，這種原始文化絕非低級的文化。要之我們研究文化史，它實為今日文明的基本型。同時我們還可以從這種原始文化中，窺知既往人類如何建立為

人類生存的諸種條件。

　狩獵採集民的社會與部族社會、文明社會雖不同，但卻有共有的一定特徵。

　狩獵民的社會又稱「移動的社會集團」。

　這個社會的特徵就是不停地遷徙的移動性。移動的距離與頻度，乃依不同的民族與集團而定，這些移動社會集團也有他們的領域，故此移動也有一定的限制地域。領域是各社會集團獲得食物的場所，爲採集而遷徙是必然的要求，但有時也因移動而超界產生族鬥，但也有因超越地界而後融匯在一起，成爲一個較大的社會集團。

　一般移動社會大多爲小規模的集團。大凡高頻度移動的集團都是小型的集團。小集團人口是由數家族聯合而成；超越100人以上的集團，也許可以視它爲大型了。例如西北部非洲的漁撈社會，就是大型集團的形成，成員高達數百人，而且社會的定著性也很高。

　移動社會集團，以核心家族爲單位。核心家族係由父母兩人與子女等形成。大型的移動集團，一般多屬血緣集團，至於集團內部家族間結合組織，其血緣的法則性到底怎樣，我們多不甚明瞭。但大多數的移動集團，其構成多爲父系的傾向，這也許是由移動集團外婚與夫方居住的婚姻關係底兩種規制結果所致。亦即移動集團娶外族的女性爲妻，結果生下來的子女，則在父親的社會集團中成長，因此成立了父系的集團。

　另一方面，移動集團社會之中，也有一些並沒有外婚與婚姻居住一定的規制，屬於一種無定型底構造的集團。有一些大集團，就是由很多這種無定型構造的小集團形成的。同時這類的大集團，大都受到近代文明的洗禮而成立的。根據 Service, E. R. 於一九六六年的報告，這些移動的自然民族因對外來疾病沒有抵抗力以致人口銳減，由於移居新土地與相互毫無關係的部族併合而成的集團。Eskimo和北美印第安人，都是這種集團的一例。

　　核心家族就是經濟的一個單位，它是由婚姻得以成立。在移動集團社會中，每個人是以婚姻奠定他們在經濟社會中的成人地位。婚姻一事，若就當事者來看，是一種經濟制度；若就整個集團來看，它卻帶有政治的機能。由於外婚使親族關係擴展，因之各集團之間的交流，也產生了更密切的關連。

　　集團與集團之間的密切關連，以及因外婚而使小社會向外開放之故，因是移動的集團社會，對政治的統合，並沒有組織化的機構。換言之，即在移動集團中，是沒有像部族社會那種酋長制的。

　　移動集團的內部是沒有政治的統合機構。移動集團在本質上只是一個家族的集合體而已。結果它是由血緣集團所構成，領域也是屬於共有。成員不時離散和集合。在這種不安定的情況下的集團架構，無疑地是非常脆弱的。這樣集團的求心力，也許要依賴領域所有性的觀念，或者使用共同的圖騰（totem）與結社等組織，等後才能牢固一個集團的力量。

　　在移動集團社會中，是沒有個人的政治、經濟和宗教的地位，他們只有男女性別與世代區分的地位而已。在他們社會中，唯一可以獲致個人的地位，就必須依靠個人的能力或才能，或者以長老的身分來取得。

　　集團社會的秩序，是由人與人之間的協調，或互相遵守。他們是沒有權威與制度化底規制的。所謂協調性，可以從他們日常行動中明確地看到。例如食糧的分配，工作的協力，歌舞和禮儀作法中看出來。這種互惠或互酬性與平等主義的小規模社會，在社會底政治的機能發揮上是極其自然的。

3. 狩獵採擷經濟的特質

前節所述是移動集團社會的諸種特徵，狩獵採擷經濟是必然的要求，但相關的各因子，自然是依環境的不同而有各種差異。

狩獵採集民，狩獵部分一般由男人擔任，採集由女人擔任。根據許多報告，女性採集的植物性食物，與男性獵取得來的肉食性食物，所佔比率的數值有很大的差異。這些比率是依「生態環境」或「植物相」有關。住在熱帶地方低緯度的諸集團，他們依賴植物性食物，要比接近極地高緯度諸集團爲高，高緯度諸集團則多依賴漁撈生存。住在極地的 Eskimo 人，則幾乎全是動物性食物。

集團是依著野生動植物的分布而移動。同時亦依環境不同，移動的範圍和頻度亦異。一般乾燥地帶的移動，其範圍比有豐富植物的森林爲廣，在北極因對應動物季節的移

布須曼(Bushman）主要分佈於非洲Kalahari沙漠，他們是非洲最古老狩獵採集民族之一。從體質上，人類學家認爲他們和Hottentots及Pygmies有血緣關連。居住在Molopo河南部的布須曼族，今日仍以狩獵和挖掘草根爲生，是現存最典型的採擷民族。

動而狩獵民移動距離也很遠。

物質文化（material cultures）也會因移動影響而受到限制，即人力的運輸、或獵具與調理工具等，都受到最小的限制。

獵具種類很多，弓箭是最基本的獵具。此外還有陷阱的各種捕獵方法。馬來西亞原住民有吹毒針，非洲布希曼用網，澳洲土著用投石器等等，均爲其一例。

這些原始獵具，雖然構造單純，但在他們熟練的運用下，卻確能產生驚人的殺傷效果。

至如女性所使用的採集工具，普通爲掘棒，有時也有用運輸的網袋。

所得獵物，原則是供集團內全體成員平等分配，所謂共享主義者。但也有一些集團，在分配上的數量多寡，定有法則性的分配方法。Sablins, M.D.認爲移動集團，就是建立在互惠性（generalized reciprocity）的社會上。

參考文獻：

• 田中二郎「ブッシユマン」，思索社，1971.
• Service, E. R., The Hunters, Prentice–Hall, 1966.
  （蒲生正男譯「現代文化人類學2：狩獵民」，鹿島研究所出版會，1972 ）.
• Murdock, G. P., The Current Status of the World's Hunting and Gathering Peoples, Man the Hunter, ed. Lee & DeVore, University of Chicago Press, 1968.

菲律賓群島Nigrito 族，左腕所帶的碗環數是表示他獵獲大型動物的數量。一如台灣排灣族，在木棍上所刻的橫紋，表示獵獲野豬的數量。

4.畜牧群的編成

1. 畜牧的生活

飼養牛、馬、駱駝等有蹄類群居性的家畜，作爲生活樣式的社會，叫做畜牧（pastoralism），大陸的原住民屬於這種生活方式的畜牧民。至如東南亞島嶼區原住民，只飼養豬、羊、犬和家禽者，就不能稱做畜牧。

畜牧生活樣式的主流爲游牧（nomadism），詳言之，游牧是逐水草而移動的人類生存行動，並且成立在人類和家畜共存的一種關係上。

遊牧並非無計劃地流浪。遊牧民是依據一定的游牧圈和季節，並對應季節上的變化，作家畜群的移動。在北半球地區，冬季南下，夏季北上，作南北兩方的移動。山地的區域，則作上下的移動。Ape山脈附近農業社會的畜牧生活，他們的移動可視爲一種典型，即作定期的上下移動，是謂移牧（transhumance）。伊朗是一個例子，農人在山麓牧地附近建有村落，栽培果樹，在夏季來臨之前，則自山麓移牧至低地。

亞洲的西南部地區，和非洲沙漠的游牧民，當沙漠的野草乾枯時，便將駱駝移至植有牧草的綠洲（oasis）來飼養。至如中央亞細亞畜牧民的移動，大多是自由而不規則，由於游牧是不能定居，故此無法成立村落。

游牧民主要的食料爲乳，一般畜牧民利用乳來作食料，較之利用肉食者爲多，原因是利用乳要比肉更爲經濟。與農業關係較密切的沙漠綠洲型的畜牧民，他們的畜牧生產，可說是完全屬於自給生活。

畜牧作爲日常食用之外，也利用家畜作爲乘騎和運搬之用。

2. 世界的畜牧圈

沙漠的週邊，少雨而無灌木生長的草原地帶稱做「steppe

」，它也是畜牧的舞台。從蒙古至中央亞細亞，經亞洲西南，以及北非的沙漠草原，都是畜牧的中心地。

西伯利亞的北部以及加拿大北部的平原或低濕地是凍土地帶，亦稱凍原（tundra）。類似這種寒冷地區即歐亞大陸的北方也有畜牧民，不過它的起源比較晚，也許是二次形成的畜牧舞台。

在舊世界中，諸如熱帶雨林，和高溫多濕的夏天季節風地帶，是沒有畜牧樣式生活的。至若在新世界——美洲大陸中，從南美引進駱馬（llama）和alpaka等有蹄類的家畜作大規模的飼養，類似這樣的飼育並不形成游牧的社會，只可稱為經濟的開發，或稱之為畜牧的企業。

安居屋頂之下的生活是文明社會才有的，沙漠裡的游牧民族只好露天而宿。他們煩惱不多，慾望也不大，腦子裡沒有什麼要想，有足夠的水草就滿足了。圖示東非Somali的畜牧民，一個小孩躲在駱駝的背上，它就是他溫暖的家。

3. 畜牧的類型

世界畜牧民可以分爲四種類型：

(1)凍原畜牧民——以飼養鹿科的一種馴鹿（ Rangifer tarandus）爲主。分布於西伯利亞和滿州北部。

(2)沙漠草原畜牧民——蒙古可以作爲中央亞細亞典型的草原地帶畜牧類型。主要家畜爲馬匹及綿羊，也有添養一些牛群。

(3)沙漠綠洲畜牧民——分布於亞洲西南及北非。主要家畜爲駱駝和山羊，但以山羊的比重較大。

(4)熱帶草原畜牧民——主要地帶分布自東非以迄蘇丹，Maasai 族是最典型的一例。主要動物爲牛群，但也附帶飼養羊隻。

4. 畜牧群的編成與技術

畜牧民的移動圈是依家畜的種類及年齡不同而異。

家畜之中，其中由於必須把畜牲母子予以隔離，這類情形，就必須把家畜分爲若干群來管理。若爲放牧的家畜，則將牛群自數十頭或編隊爲混合群，由若干人來監視。仔牛則集中在居住不遠的牧地附近，交由女性來管理。

大凡畜牧民都要把家畜母子隔離來飼養，以便將乳供自己飲用，剩下來的乳汁才用來餵養仔牛。

如果母牛和仔牛合一飼養，則使用物理的隔離法，在仔牛的頭上加裝口罩，或在仔牛口上裝一根有削尖的小木枝，由於小牛吸乳刺痛母牛的乳房，母牛自然會不讓小牛去接近她。

牡牛性喜爭鬥，牛群中如果牡牛數目太多，常常不易管制。因此除了爲配種之外，大多數的牡牛都必須去勢。去勢的牡牛性情溫順，亦可作爲役畜之用。

5.石器時代食料生產的開始

自12000 B.C. 以來，高緯度地方的冰河，在一進一退的
情況下就開始溶解，迨至8000 B.C 年代就成爲現在衰退的
樣子。隨著冰河的後退便是海面的上昇，湖水和海水連接
起來，有些陸地被海水淹沒而成爲獨立的島嶼。爪哇、蘇
門答臘、不列顛、日本列島等在那個時期就和大陸分離。
實際上，有些區域受到厚重冰床的壓縮，以致陸地隆起，
也有一些地區，依冰河溶解速度的高低與地勢的不同，也
產生了各種複雜的現象。

當冰河衰退以後，極地狩獵民主要食料來源的大型哺乳
動物也跟著絕迹，諸如多毛犀和古象都移動至東北方，最
終也完全絕滅。其時人類的狩獵活動不得不隨環境的變遷
，改向森林來獵捕鹿、野豬和鼠類，而且捕獵的方法，和
從前在草原上的方法完全不同。其時人類除狩獵哺乳動物
外，同時也不得不努力去尋求更適應生存的環境，這個時
代通稱中石器時代。

約在 10000 B.C. 以迄 8000 B.C., 從法國南部、中歐、不
列顛島所分布的 Azilian 文化爲 Maglemosian 傳統的延
伸，視爲藝術作品的所謂「彩礫」發現不多。可是所謂彩
礫主爲河川的原石，其中刻有紅色記號（sign），可能是
宗教的目的。石器之中，屬於刮削器（scraper）或尖頭器
者，體積都很小，刻有銛齒的骨角器是結有繩索以爲投擲
用以狩獵，製作技術大都非常粗糙。在森林中還發現許多
貝塚，顯示人類曾採取貝類爲食。在一些遺址洞穴中且發
現不少骷顱骨，上覆赤色黃土。同時此一文化期中，確實
人類已知飼犬爲狩獵。

Azilian 文化其後在西南方發展爲頗爲高級的 Sauverer-
rian 文化，此一時期的遺物發現自法國西南部地區，它與
廣爲分布的 Terdenoisian 文化相同，已知應用細石器作矢
鏃。

與 Tardenoisian 同時代，或較此更早的 Maglemosian
文化，在泥灰層出土的遺物中，尚保存頗爲完整的木製品

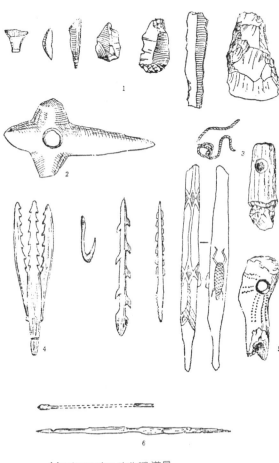

W. Duranf 說：「如果我們把中石器和新石器時代的遺物收集起來，便會發生令人驚訝的事，那就是食料生產的農耕。人類的歷史，可以從兩個革命來看，從狩獵至農耕的中石器時代，與農耕至工業文明的過程；沒有革命曾有如這兩次革命的絕對眞實和基本性了。」然而維繫著革命持續的力量，也許就是信仰。人類對超自然力的信仰，在舊石器時代則已產生。圖示Azilian的彩礫。

Maglemosian 文化期 道具
（採自Braidwood 氏）

，考古學者判斷爲中石器文化，年代約 8000 B.C. 至 6000 B.C. 之間，且有長期發展的可能性。此一文化的中心爲丹麥與瑞典，但在英國、蘇聯西部以及比利時等地區，在海拔二〇〇公尺以下的低地河川附近，都可以找到多處類似的遺跡，從此一文化中，我們可以得知人類其時的生產經濟已大量以採集海產、水禽或獵捕馴鹿等哺乳動物與食用硬果。夏季爲半定居，當食料乏匱時，則開始其游動生活。可是在此一時期的遺跡中，卻未發現有墓葬。

工具方面有剝片石器、細石器、打製與磨製石斧、手斧，以及嵌鑲以木材或角材的石器。除釣針、投矛、棍棒等的骨角器外，尤以木製品爲重要。自古則以樅木製造槍矛或以白松製作木櫂。以植物纖維織成漁網，並附以石錘和松木樹皮的浮具。其時可能尙利用獸皮作舟楫。遺物中曾發現一部穿有小孔牙齒珠粒、琥珀的小像、鹿角和骨製垂物，用途是否用於宗教抑爲裝身具是難以判斷的。從上述出土的遺物中，我們不難想像，在物質貧乏的石器文化時代中，人類在生活上似乎已相當豐富。由於遺物多發現自泥炭層，雖經一萬多年的時光，但在保存上還相當完整。

所謂中石器時代（Mesolithic），亦即舊石器時代（Paleolithic）與食料生產時代的過渡期。在這時期出現的重要文化要素，有一～五公分的細石器，嵌以木棒或獸骨，組合成爲槍矛或矢等道具。即在過渡期中所製的道具與機能，最重要者乃爲製作迅速，部品取換也容易，對石材性質已知作有效的利用。此類細石器在東南亞及中國南部發現不多，但在舊大陸地域則分布甚廣。在澳洲和南非都有發現，只是年代較晚而已。至如磨製石斧的發現，可能係當年以爲開發森林之用。迨至舊石器時代後期，且出現有舟楫、石錘、釣針和漁網。

在美洲大陸的後冰期，產生了所謂「古期階段」的文化。海岸和湖沼地帶都發現有堆積的貝塚，以及在森林狩獵小動物，情形頗似中石器時代。而且也很像下述西亞的農

耕畜牧起源地，以及類似熱帶半乾燥地域由特殊的植物而產生了所謂「沙漠文化」。

在西亞中石器文化中已有細石器的利用，犬的家畜化，以及一些簡單的裝身具。在同一時代，歐洲方面也有多數類似的要素。9000 B.C.至 2000 B.C.年間，從敍利亞、黎巴嫩、巴勒斯坦以迄下埃及，分布於上列地區的所謂 Natufian 文化，從它的遺跡中，顯示有定居的傾向、墓地和石臼、石杵等農耕道具，尤其發現用以收刈稻科植物的鐮狀石刃，由此測知其時已栽培麥類的植物如黑麥、喬麥和大麥等，爲文化史中最值得重視的事。

最古的文明，最早發生自西亞以至埃及的所謂「三日月地帶」，這是 Braidwood 民所給的名稱，它並不包括米索波達美亞低地和尼羅河下游的古代文明的中心地。因爲前者的地帶乃在300～1500公尺之間的山腹地，年中平均降雨量爲300～1000公分，遠比米索波達美亞爲豐富。三日月地帶就是表示具備著這種最古老的農耕形態——看天田。此外還有一些高原、山間盆地，和低沖積平野所形成的階梯地帶，也有豐富「垂直經濟」的可能。類似這種的定居村落，就是決定了人類史生活的樣式。

人類最初從自然中奪取食糧的經濟，其後則漸次移行而變爲從自然謀生產的經濟，這種變遷，V.G.Childe 氏稱之爲「食料生產革命」。爲求了解產生此一革命的基本條件，他認爲必須要從後冰期自然環境激變時期來觀察。即北半球的冰河當它向北方高地退卻時，其時西亞等地也開始乾燥化，同時森林也向北面移動，最終就成爲階梯地域。但在南邊的階梯地域則爲沙漠化，但在沙漠中能夠養育生命的只有綠洲，人類和動植物進入共生關係，繼之就產生了正式的栽培畜牧。

依照上述 Childe 氏所示的圖式，其中也有一些疑問之處。其所示革命的名詞，所謂急激突發的變化一項，實際上，它是很難令人想像的。同時，Braidwood 氏又謂冰河後

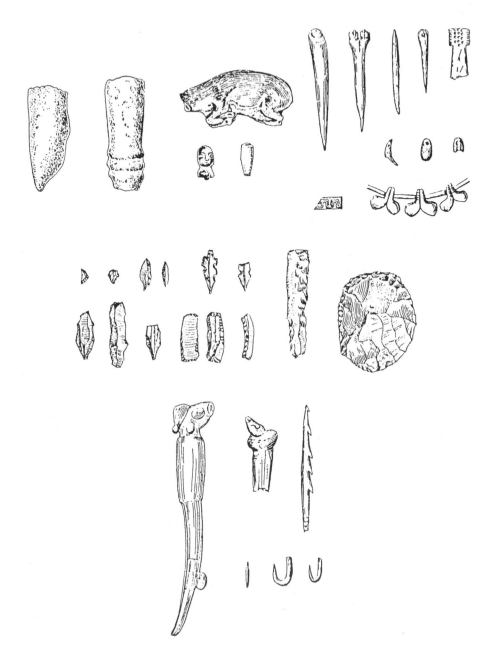

Natufian 文化期道具（採自 Braidwood 氏）

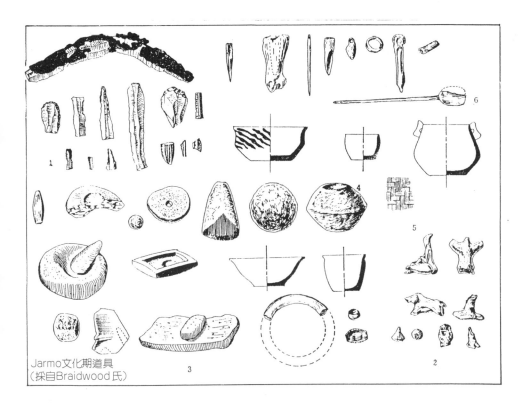

Jarmo文化期道具
（採自Braidwood氏）

退時所伴發西亞乾燥化之前，並沒有食料生產，他且指摘
在西亞的第四冰期以後自然環境衝擊的變化則較緩慢，其
時文化已達至相當高的水準，它是由於「文化的潛力」關
係，故此有出現農耕畜牧的可能。肥沃的三日月地帶的丘
陵，家畜和栽培植物都是野生種，這個農牧地帶遂成為自
然環境的「核地域」。類似此等核地域，即從美洲大陸以
迄中美洲安第山（Andes）都可以視為核地域。在這樣的
地域裡，當人類文化發展到某一水平時，所謂由於「人類

的特質」（human-nature），農牧就會自然地發生，這是 Braidwood 氏的想法。

Childe 學說又稱「自然決定論」或「文化決定論」，但欠缺科學的論證力。目前有不少學者依賴考古學的勘察所發現的事實，然後再由想像來構成當時的人類生存的變化情形。L.R.Binford 氏對人口的內壓和外壓的兩種因素甚為重視。他認為因海進所產生的海岸部分地區的變化，對於魚貝之類的海產增殖最為適當，由於海洋經濟的發展人口亦隨之膨脹，由於人口增加的內壓，不得不從海岸向內陸移動藉以尋求新天地，由是遂與狩獵生活的原住民接觸，因之既存的自然與人口的平衡關係失調；換言之，即生態系與人口的平衡，遂因外壓影響而發生崩潰。這時移住者和原住民為了共同的生存，就不得不另謀食料獲得的新生產方法。

關於食料生產唯一的解決方法，根據 K.V.Flannery 氏的學說，他認為植物遺傳因子構成的變化是最重要的一個關鍵。從中美洲古期遺跡食料殘渣的分析，得知當地原有野生的玉蜀黍，其後由於近緣種的交配以及偶然的遺傳因子的變化，才產生了改良的玉蜀黍而成為最主要的營養來源。

一如上述，由於 Natufian 文化具有農牧的潛力，因之使西亞呈現文化迅速的發展。9000 B.C. 的 Karim-Shahir 期，在出土遺物中已發現有石塊的圓形小屋、石鐮和石鍬及石斧等。出土中還有羊、山羊、牛、馬等獸骨。

其後，迨至 Jarmo 期的遺跡層則較厚，出土有穀倉，它暗示人類已進入定居的生活。出土還有二種小麥和一種大麥。除山羊、犬已家畜化之外，尚有豚的骨骼。其時豚是否已家畜化，抑或骨骼來自野豬則未能確定，不過，此等豚骨在動物骨竟占九五％之多。石器中有石刃，手把乃使用泥灰來固定，此一技術是最值得我們注意的。Jarmo 遺跡的建築以石塊為地基，砌石為牆，石牆上塗以泥土，共

有十五戶，估計這一部落大致有一五〇人。遺跡中且發現5000 B.C.的土器，及6500 B.C.的動物和女性像。

Jericho 遺跡較 Jarmo 爲久遠，9000 B.C.已有人類居住。遺址區分爲六層，由最下一層數起第二層乃包括 Natu-fian 遺物，第三層面積四〇〇〇平方公尺的土地，估計約住有二〇〇〇人，在 7000 B.C.的層位中，即在尚未製作土器的時期，卻發現有大規模的土木工程，以及頗爲複雜的死者處理痕跡，尤使人驚訝。

新石器和舊石器在時代上的區分方法，旣往大都依照磨製石器的應用、土器或編織物、農耕畜牧等作界定標準，即新石器時代較之舊石器時代乃具複雜高度文化的時代。可是，像上述的例子，尚未知製造土器之前，已有類似今日都市文明的大土木工程登場，這種情形，在新舊兩大陸都曾發現過。故此最近我們所指的「新石器時代」今日的一個名詞，其含義乃指定住村落的確立底社會的時代，已不重視旣往物質文化底要素的組合了。

繼 Jarmo 期之後即爲 Hassuna 期（5600～5100 B.C.）的來臨。此一時期的新要素爲土器、紡錘車、日曬的瓦片、脫穀盤和甕棺。土器乃參以蒿碎和粘土調練，形制中有甕、壺、深鉢等，並飾以刻文和彩文。遺跡中雖然沒有發現織物，但紡錘車則確屬紡紗之用。打製石器的發現數量減少，暗示著狩獵生活的比重減輕。

最古的銅器係在土耳其出土，約爲7000 B.C.遺物。5000 B.C.時期，從西亞以至地中海開始發生很大變化，其時北部米索波達美亞以迄土耳其的文化，所謂 Halaf 文化是一樣性，而且相當地發達。Halaf 期的土器，多出現幾何學文，建築物有圓頂 tomb 狀家屋，出土還有雙頭石斧，和掛在胸上的一種圖章狀石刻護符。

同一時期,南部米索波達美亞也開始發生一般稱做 Eridu 的文化。由於南部屬於乾燥地帶，因無灌漑，故不宜於農耕，同時又缺乏石材，故出土文物不多。

人類在舊石器時代，以狩獵採集爲生，前後維持了二百多萬年，新石器時代進入農業
社會的階段。三百萬年後才開始發現人口的繁殖比糧食的生產爲快，於是人類的悲劇
就此揭開了序幕。

　　南米索波達美亞，因有灌漑農耕，故較北部地區爲優越
。Eridu期繼續延伸，及至 Ubaid 期，南方的文化遂進入
北方，反將 Halaf 文有壓倒之勢，予整個米索波達美亞色
彩趨於統一，同時也使 Ubaid 文化與 Eridu 文化平行發展
。這時文化的內容，重要的事物有大神殿的建造，和神官
支配者階級的產生。同時也與鄰近地區作大規模交易、課
稅以及物物交換的制度化。南部米索波達美亞並沒有銅礦
，但出土遺物中竟有鑄銅的鑽孔斧、銅針以及銅製的動物
像。這些遺物可能來自波斯灣的交易。
　　此一時期，米索波達美亞的農業已達至很高的生產力，
而新大陸的原始農耕開始，較之西亞則遲約2000年。

參考文獻：

- 中尾佐助，「栽培植物と農耕の起源」，岩波書店，1966。
- 角田文衛，「石と森の文化」（沈默の世界史五），新潮社
，1971。
- C.シンガ，「技術の歷史」第一卷，筑摩書房，1962。
- R.J.ブレイドウッド，泉靖一監譯，「先史時代の人類」，
新潮社，1969。

6.農耕在人類學上的意義

人類自舊石器時代（Paleolithic）以來一直依賴著狩獵採擷活動來生存，迨至中石器時代（Mesolithic）末期，才開始把若干種類的野生植物栽培成功，產生了農耕的雛型。考古學家 Childe,G.V. 稱這個農耕的雛型發生為「新石器革命」（Neolithic revolution）。由於此一革命，人類的社會與文化，開始顯著地進化。同時又因能確保生產力的安定，與人口支持力的向上，定著的村落隨之產生。陶器和編織等各種技術繼之發展，形成了文化上農耕階段。由於此一結果，遂有產生了商人、貴族、戰士與奴隸制度，社會階層也起了分化，形成了都市與國家，同時也創造不同於狩獵採擷經濟階段的嶄新的世界觀與價值觀。

以初期農耕為生產基礎發展出來的社會與文化，它的特色雖然有不少的論述曾經提及過，但根據 Sauer,C.O. 的指摘，認為栽培雜穀類等種籽農作，與栽培甘薯、香蕉及椰子等榮養繁殖農作兩者做一個比較的話，它的性質實大不相同；由於此一性格的不同，隨之由它所產生出來的社會及文化，也並不一樣。其情況一如水田農耕與常畑農耕，或燒耕之間，農耕的技術的差異是很大的，換言之，即使是同一的農耕，在文化史上的意義是不同的。「農耕」一詞，尤其在人類學上來說，對世界各地的農耕類型的區分，更不能不把握它每一類型及其特色，否則就沒有什麼意義了。

農耕大致可以分為舊大陸及新大陸兩大類型：

1. 舊大陸的農耕類型

⑴ 麥作型農耕

麥作型農耕為多作物的栽培，同時也栽培少數稻米及畜養山羊綿羊等家畜。它的淵源，可以從伊拉克遺跡出土的石鍬、鎌刀、石臼、杵、碗等遺物，以及黑燿石製的細石器等發現，得知6000 B.C.已有農耕。

在東方的地帶，（古代所指的亞洲西南、非洲的東北）
在5000 B.C.，亦已早知畜養牛群與犁耕。而且有休耕、放
牧的交互活動，形成了所謂有機的結合——「有畜混合農
業」的體系，促進了農耕文化的發展。

麥作農耕的過程

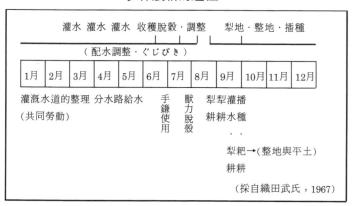

（採自織田武氏，1967）

上圖所示爲亞洲西南部多雨地帶麥作起源的農耕技術基
本特色。其一是利用秋多季節的降雨量來實行乾燥農法(
dry farming）的方法。爲此，播種前的犁耕，與播種後
的耙耕（harrow）等作業是必要的。其次是在麥作生育時
的灌漑。再其次便是犁耕與脫殼等畜力的利用。此等耕地
、休閒與放牧之間的輪作，因而產生出所謂歐洲型的有畜
混合農業的形態。

在5000 B.C.後半時期，這種文化則從近東擴及至米索波
達美亞（Mesopotamia）與尼羅河谷，因此形成了許多都
市國家與神殿，所謂產生了orient的古代文明。

此一文化，在4000B.C.至3000 B.C.之間，更向東方伸展
，自中央亞細亞·土耳其斯坦（Turkestan）以迄西藏的綠
洲地帶。向西則自地中海沿岸以達歐洲。因此造成了今日
所謂歐洲型的有畜混合農耕基礎型態。

(2) 根栽型農耕

在東南亞的熱帶雨林及其週邊地帶，很早就產生了甘薯、香蕉、椰子類，從野生狀態栽培化以後則成爲營養繁殖農作。從這些作物同時產生了根栽培型農耕。此一農耕型態的特色如次：

熱帶雨林農耕的起源，最先是伐林、燒山，耕作一～三年當土壤中肥料耗盡，則開始放棄，使之休閒十～十五年。這種基本的農耕方式，謂之燒耕(swidden　cultivation)。以這種方式得以維持一生生活的農用地，如果包括休耕的森林在內，它對土地面積的需求，是相當遼闊的。此種農耕是兼飼家禽和豬，犂具不發達，唯一的工具僅有掘棒而已。因此根栽型農耕生產力是有限的，人口的支持也不大。

但在熱帶，年中氣溫不變而且多濕，作物容易生長，故此沒有什麼種植期或收獲期。其生產的安定性較種籽栽培型的農耕爲高。

根栽型農耕的社會，對於農耕儀禮（祈求豐收等祭禮）不甚發達，故無特定祭司階級。由於此一原因，故自古以來，就沒有「祭政合一」的王權出現過。這該是此一農耕形態的特色。

在根栽培型農耕地帶，除了砍伐森林與燒耕，農耕的作業大都由女性來負擔，但男性幾乎只從事漁撈與狩獵。

可是，這種型態的農耕，自東南亞森林地帶形成以後，曾傳入印度而後達非洲，因此產生了熱帶西非根栽型農耕地帶（ yambelt ）。此外，尚向東擴展，遠達大洋洲各島嶼。

此一根栽農耕雖然最初開始於東南亞地域，其後，這一地域則展開雜穀栽培型的農耕，繼之再度分化爲稻作農耕，代替旣往的根栽型。今日所謂根栽型農耕，只有在大洋洲才能看到它的典型姿態。

(3) 雜穀栽培型農耕

雜穀栽培型農耕主要係指禾本科植物的栽培，玉黍蜀、小黍等，英文總稱爲"Millets"。撒哈拉沙漠南緣以迄東非的平原（savanna），以及印度中西部的草原等地帶，大都從事這種雜穀型農耕，此種農耕除黍而外，還有兼種瓜類及豆類等植物，這些植物以夏作爲其特色。

雜穀類農耕的農具，多以手鍬爲主，故生產力很低，人口支持力也不大。類此這個階段的村落共同體，大都規模很小，在信仰上雖然有祈神豐收的司祭與巫師，以及有頭目或領導長者的存在，但在社會內部，甚少有剩餘的蓄積與社會階層分化的現象。

雜穀栽培型燒畑的過程　（印度・巴利亞族）

脫穀	伐採	火耕	播種除草	除草	除草	耕地的監視	收穫	脫穀
	（共同勞動）	（共同勞動）	掘棒・混播		（各戶勞動）	（出作小屋）	穗刈	（脫穀場）

1月	2月	3月	4月	5月	6月	7月	8月	9月	10月	11月	12月
乾季				雨季					乾季		

各階段的祭儀（由左至右）：
- 伐採前的祭儀
- 火耕祭儀（滿月之夜）
- 儀禮的共同狩獵（滿月之夜）
- 播種前的祭儀
- 占卜翌年燒畑位置
- 收穫前的祭儀（燒畑耕地「畧所」）
- 甘薯收穫祭儀
- 收穫前祭儀
- 玉蜀黍收穫祭儀

（採自佐木氏，1968）

可是，印度的西北部，早期因受到東方高度文化的影響而導入了犁具，同時又受到地中海文明的影響。故此農業的集約度很高，因此從燒耕很快地就進展爲常畑的耕作。由於農業的集約度向上，故此定著的村落，自然地也很快地形成了都市國家。

同時，這種類型的農耕，很古時期又傳入了中國（4000

B.C.時期）華北的黃土地帶就開始有麥作型的農耕，而且農業的集約度也很高。繼之，結果產生了華麗的彩陶與仰韶文化，在龜山文化期（2000 B.C.），更產生了殷周的文明。

可是這種農耕，從發源地的平原地域漸次擴大。當它擴達至西非和東印度的濕地時，這雜穀類的「稻米」，遂漸次適應生長而變為濕地性的稻米。為甚麼稻米能如此快速改變其特性，根據植物學的說法，一般雜穀大都屬於陸生，也許稻米原本就生自於沼澤，故有以致之。

非洲的稻米學名為 "Oryza Glaberrima"，其後，則未見有更進一步的栽培發展。亞洲的稻米學名為 "Oryza Sativa"，此種稻米在印度東北部 Assam 地方與中國雲南高地，已有分化為多數的品種群。

稻米的適應變化現象，這固然是植物本身的特性，但與畦畔及灌溉的各種技術未必無關。水田農耕的成立時期，也許早在3000 B.C.後半以至1000 B.C.已開始，而且很早就在印度北部以及中國江南一帶的平原展開。然而關於這一點，至今日還未找到證據。

統略而言，由於水田農耕的確立，因此產生了不凡的文化——水稻農耕為中心的社會，與宗教信仰的統合，所謂「稻作文化」。

瓢簞容器，Solomon島

2. 新大陸的農耕類型

在新大陸，南美洲東部的熱帶森林地帶與Andeo（安第山脈）中部的山地，都是根栽型農耕的發源地。墨西哥高原南部與中部安第山地，則爲玉蜀黍雜穀栽培型農耕的發源。

新大陸的根栽型農耕，是在熱帶的低窪地展開，主要的根栽植物大都有毒，它必需經過特殊的除毒技術，才能作爲食用。例如一種芋頭的植物，現在雖然已有數種品種已達至栽培化，但它也要經過特殊的冷凍乾燥與貯藏，俟毒質消失後才可以作爲食用，這是新大陸根栽植物的特色。栽培在安第山地的這種有毒芋類在古代文明時期則已種植，它對文明的發展影響是值得我們注意的。

在新大陸的主要穀作物則爲玉蜀黍，或謂它起源自墨西哥高地，也有謂起源於安第山脈中部的山地，但迄無定論。根據考古的判斷，這種農耕可能開始於4000 B.C.,其時已有灌漑農耕與梯田耕作的高度技術，因此也促進了大規模的祭禮中心和都市的發達。可是新大陸不似舊大陸，把牛馬作爲役畜來飼養，只有掘棒及踏鋤等農具，不知有鐵器的存在，故無犁具的發生。迨至歐洲人入侵以後，新大陸的傳統文明，才開始隨之急遽崩潰。

上述各節，是各地農耕類型及其基本特色的概念，各地域農耕所具有的特徵，我們理論上不難察出它左右其文明性格有密切的關連。

農耕與文明，其在理論上的關連，我們還要考慮許多項目，即農耕所具生態學的，技術的特色與人口支持力的關係，分工與協業系統的關連，農耕技術的 Process，宗敎禮儀與社會制度，曆法的關係，社會組織與市場組織等等。上列種種都是重要的問題，都不能不加以仔細的推察。

在文化人類學的立場，如果我們能夠從研究農耕所有重要課題的過程中找到一些答案，對研究「農耕與文明」的諸種關係，應是最確切的一個途徑了。

Tasaday 係最近(1972)在菲島南部所發現的純血小黑人,他們的原始工具乃以石夾兩木之間用藤條捆固,以作打錘。

7.原始衣著與裝飾

1. 衣著的原始觀念

關於衣著的習俗與服飾，如果我們只就它的各種要素來做比較，是沒有意義的。事實上，它對一個民族的文化以及在社會上的意味應更為明確或更為重要。

例如巴西亞馬遜支流 Xingu 流域，許多部族，由於他們迄未與外界接觸，故仍維持傳統，男女都不穿衣。Xingu河的位置正在赤道上，長年高溫多濕，一年中的季節變化只有雨季和旱季，但中午和夜裡溫差常在十度左右。夜間的氣溫平均22℃，九月間寒流來襲，溫度可能降至12℃。在這種環境出生的土著，實無穿衣保暖的必要。夜冷時只在住屋內點燃柴火則足以禦寒。

雨林中正是蚊蚋和蝨子繁殖的環境，他們就利用一種果汁調合染料塗在身上，就可避免在黃昏被蚊蟲叮咬。黃昏時光是蚊蚋最活動的時候，因此他們經常都把染料抹在身上。

他們抹在身上的塗料只有紅白兩色，它是取自植物和黑炭。習慣上都描成幾何文的條文，但也有取自動植物精靈的象徵文。這些所謂畫身（paint body）的文樣，在印第安部族中並無規定的形式，依個人的喜愛，可以作個性的表現。

在禁忌上，女性是不可參加豐收祭、夜間祈神，以及與咒術有關的各種儀式。一段秘密祭儀，都是由男性在密林中舉行，由於女人在原始社會中沒有地位，而且被視為一種最髒的東西，故此最神聖的事項，都是由男人執行，男人身上所繪的動植物象徵文樣，都與信仰有著密切的關連。

此外，其他地區如新幾內亞東部 Asalo 山谷的 Dani 族都要在陽莖套上一根長長的瓜皮套（penis-case）。南非 Swaziland 山區的土著，也有同樣風習，使用一種圓形的乾瓜果，套在龜頭上叫生殖器帽（penis-cap）。類此這種的風尚，有謂是為避免在密林被枝葉刺傷或因羞恥的一種

穿著，事實上並非如此，而是為了避免觸怒精靈與引起祂的妒嫉才加以掩蔽的。這種穿著手段，實完全出自信仰，與羞恥或裝飾無關。

人類遮蔽身體，並非由於羞恥之念才穿衣，反之，有些族人，認為穿衣才羞恥。新幾內亞的Dani族，今日的戰士都在陽莖套上一根長長的瓜皮帽，依長短來顯示他在社會中地位的高低。West Iriai, New G.

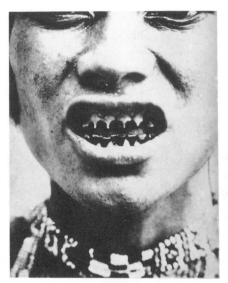 

Caduveo族的婦女臉部的畫身文樣一如moko 的複雜，她們深知如何先把臉部作上下左右四等
分，然後再繪細節，藉求造形上的平衡。

人類為什麼要缺齒，整形或舉行割禮，極盡虛榮與慾望承受這種痛苦？有些學者認為這是試練
勇氣，但大部分的學者却認為與信仰有關，即精靈賜予我們生命，人類就必須以痛苦加於己身
，以示對神明的感恩。

2. 性與未婚及既婚的區別

　　原始社會的組織雖然單純，可是對於性（sex）與未婚或既婚的區別，卻是極其重視的。如〔表1〕所示南美的印第安土著，在男女間程度上的分別，其共通之處，只有成人在身體上所刻疤痕(scars)的毀身裝飾與白色(white paint)的畫身（paint body）。最饒興趣的一點就是男人是爲信仰而畫身；而女人則以髮型與塗墨（black paint）的文樣，作爲她既婚與未婚，或頭目家系底具體的記號（signs）區別。

表1. 依照性別在服飾上的差異 （**Kamayura**族的例示）

部族成員的毀身裝飾條文	男	女
髮型	鍋式髮型	長髮(未婚) 前額留海
頭飾	有	無
耳飾	有	無
腕飾	有	無
酋長家系的象徵刺靑	無	有
頸飾	豹爪‧貝一串	藍色珠‧貝二串
腰帶	有	無
腰紐	無	有
身體描繪裝飾文樣	有	有

　　頭飾、耳飾、腕飾，是在舉行祭典時的裝身具，至如耳飾即在平時也戴著爲誇耀身分之用。

　　他們有些裝身具是使用野鳥的羽毛，例如紅鸚鵡的羽毛，這些鸚鵡全是捕捉回來飼養的，俟牠死後才利用它的羽毛作裝飾，故此羽毛的生產量不多。由於禁忌，他們不直

接射殺野鳥來取毛，深信由射殺取毛的話，自己的生命也會被殃及。所得羽毛，便屬個人的財產，人在死後，這些羽毛都用作陪葬。故在他們的社會，是沒有承繼財產的存在。

表2. 關於裝身具（**Kamayura** 族例示）

種類	材料	製作者	使用者	用途	變形
頭飾	羽·布（三色）	男(家族)	男(成人)	祭儀	有
首飾	豹爪	男(巫師)	男(巫師)	表示身分與階級	無
首飾	貝	女(家族)	男(成人)	日常	無
首飾	貝	女(家族)	女	日常·祭儀	稍有
耳飾	羽毛(三色)	男(家族)	男(成人)	祭儀	稍有
腕飾	羽·麻線（一色）	男	男(成人)	祭儀	無
腰帶	木棉線	女(母親·妻子)	男(成人)	祭儀	稍有
腰紐	纖維	老婦	女	日常	無

〔表2〕題示有關裝身具的一覽，女人為製作者，男性為使用人。這些裝身具，最終則屬於男人所有。在他們的觀念中，認為女人可以從無形的思想創出有形的東西，她們不似男人那種想法，認為凡是創作都該把自己的「生命」注入作品之內，而是認為創作祇是一種「技巧」而已。由於此一緣故，不論編織或製陶，都由女性來製作。如果遇有戰爭，女人常被戰勝的一方擄作女奴，而專事技能工作的勞動，故此技術的系譜承傳，都是由女性傳給女性。

由於原始部族對於數字觀念並不發達，故對年齡，所知

都不會正確。在 Xingu 流域，大致只能區分為幼年、青年及成年。成年者必須經過一場角力的比賽，戰勝者才有結婚的資格。

部族中的幼年、青年與成年的三個團體，是由巫師來判斷區別的。成年參加成年儀式，這時必須要有裝身具，才成為部族裡的成員。未婚的女成員，習慣上以長髮掩面，婚後才把前髮砍斷把臉露出來。

3. 美的原始意識

亞馬遜河流域以燒畑農耕為主，栽培玉蜀黍與芋。熱帶植物生長迅速，又因土壤缺乏營養，故食糧的生產不能應付人口的激增，每一個部落，人口大致自一百至二百人，在這種人口規模之下，尚可勉強自給自足，否則必須覓地開拓燒耕。標準的部落，在政治方面，設酋長及巫師七人，這些高級成員，可以享有以豹牙串成的頭飾和准許吸煙。在裝飾上一望就可以區別階級，但在他們並非為美而裝飾。

根據既往許多田野調查，學者們均認為在原始社會中對美的意識，並非因裝飾或衣著而來，實際上最初乃因信仰而起，而後因習慣上感到愉快，最後，它就漸次變成美的意識了。

衣著在文明社會看來，顯然是裝飾的或阻遏引發情慾的一種方式，但在原始社會來看，與其說是用來禦寒或遮羞的一項物品，不如說它是他全無這些觀念。日本大給近達氏在亞馬遜河作田野調查時，看到一個土著非常喜歡他的花襯衣，他就脫下來送給那個土著，可是他不穿在自己身上。到了夜晚，大給氏看到巫師施法時，襯衣卻被巫師披在身上，成了一件新的象徵道具。又據 Durant.W.教授的記載，當年達爾文因為憐恤一個 Fuegia 土著沒有衣穿，

贈給他一件紅色衣服作爲禦寒，土著卻把衣服撕成碎片，掛在身上，作爲避邪之用。在南美 Orinoco 流域的土著婦女，她們反認爲穿衣是一種恥辱。故此人類是否因爲穿衣而知羞恥，或是因羞恥而後穿衣？事實上，衣著乃依習俗的不同，而它的意義迴異。

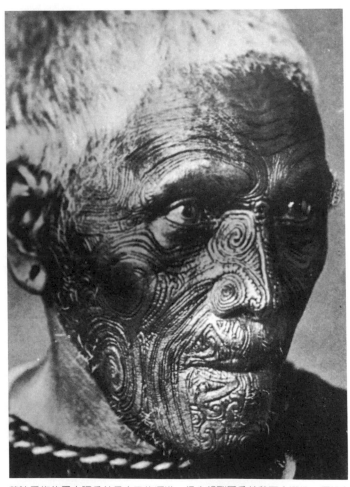

蒙昧民族的男人認爲美是自己的標準，很少想到因爲美貌而去選擇一個婦女，他想到的只是奴役而已，故此男人很能忍受痛苦，來裝飾自己，一是吸引女性，另一則爲嚇唬敵人。圖爲Maori酋長。

蘇丹Kapoeta族女，從小就用物理的方法把下唇扯下，扯及唇寬達好幾吋，然後把唇從中間割開，變成一個唇環，還把門齒敲掉，讓粉紅的舌尖微露，這是一種性的誘惑，唇環下墜，足使男人流涎。

4. 人體裝飾與毀飾

自然民族如希臘的 Indo-Germanic 或 Aryan 人認為毫無意義的毀身裝飾而焦急，因此發明了紋身（tattooring）、刺身來作為久遠的裝飾。在許多部落裡，男女都甘願忍受極度的痛著而毫不畏縮，戕賊身體的裝飾，甚至為了族人承認他在社會的地位，在成年儀式中，男子被用牛刀切去包皮，女子被刺穿處女膜。

在毀身裝飾中，許多民族往往認為紋身不夠明顯，也不足予人以深刻印象，因此在各大洲許多部落裡，要在肉體上留下深刻而又明顯的疤痕或瘢紋(scarification)，女性以此來獲取男性們的讚美，或男性以它來嚇唬敵人。Gautier，T. 略謂：「因為沒有衣服可以繡上花紋，故此只好在自己身上繡起花來了」。

許多地區的自然民族，對疤痕的剝傷法各有不同。非洲有些女土著把皮膚先刺破以後，再使用一種植物乳汁塗在傷口，癒後則產生有彈性的突出的疤。也有一些用燧石將肉割開，經常用一圓球形的粘土敷在傷口上，讓傷擴大變成疤痕。澳洲與新幾內亞間 Torres 海峽的土著，帶著兩肩上的疤痕。在奈及利亞西南 Abeokyta 的土著，把疤痕剝各種爬蟲類的形象。Georg 說：「他們身上沒有一處是完整的，每一部分都經過變形、破壞、整形、伸長、縮短、描繪、漂白和裝飾，可以說極盡虛榮與慾望，就為了這裝飾」。

巴西東南部 Botocudo 的一個部落，裡面的印第安人從八歲開始就用一塊圓形木皮嵌在下唇把唇皮張大，這樣不斷地更換直徑較大的板子，直到直徑大至四英吋左右為止。南非的 Hottentot 族婦女，經常用物理的方法把下唇扯下，扯及唇寬達至好幾吋，然後把唇從中間割開，變成一個唇環。還有一些把門齒敲掉，所謂「缺齒」，好讓粉紅色的舌尖經常露出來。據說舌頭的微露是一種性的誘惑，

毀身裝飾除暗示身分或作一種性的象徵外,有時也視爲是一種符咒。又據心
理學與生理學者的推測,認爲在施術時,同時也帶有性的快感。
非洲Bankutshu Congolese婦女的剔痕(採用Belgium Goverment
Information Center)。

唇環的下墜會使男人流涎。澳洲墨爾鉢東部 Gippsland 的土著深信一個人死時假若沒有穿帶鼻環，在來生會受到嚴屬的責罰，上述的毀身裝飾，其中一些毀身裝飾如紋身或剔痕，在施術雖然非常痛苦，但據某些心理學家的說法，卻認爲痛苦中頗帶有性的快感。

人體裝飾之中，最早也許是畫身 (paint body)，畫身不似毀身需要太多的時間或者承受難忍的痛苦。畫身的行爲，學者們認爲它的來源似乎是當雄性人類看到雄性動物向雌性求偶時，所展示的色彩與鮮艷的外表，因此向牠們學習。例如有一種蜥蜴，在左右腰間長有一條黃紋，平時色彩並不鮮艷，可是在交尾期，黃帶的顏色刞變得熠熠有光，藉以引誘雌性的注意。亞馬遜河的印第安以及新幾內亞的土著，臉上的塗彩，無疑地是從動物的求偶學習而來的。

人類爲了使體態的裝飾與美觀，正是充滿了自愛與性愛的剩餘感情，加注於天性上，使這一美化的刺激從個人而表現到外界。此一靈性將藉色彩與造形外表，以客觀的方式表達了美的感覺，這也許是美底觀念的第一個來源。

參考文獻：

- Rober I Brain. The Decorated Body, Harpet & Row, Inc., N.Y. New York, 1979.

8.人類的形質與道具、文化

1. 人類的形質與工具

人類歷史開始之時，也是工具歷史開始之日。人類之被視爲「Homosapiens」，就是因爲他留下有所謂顯示文化的證據——諸如在遺址中的石器工具。一如 Franklin，B. 氏所說：「人類是創造工具的動物」。即使在今日的人類學中，認爲工具乃文化存在的指標，在靈長類中被認爲人科，對工具的製作，當是一項重要的準則。

最遠古的人類，是否會像我們今日一般的會說話，雖然不得而知，可是，能夠使用聲音來表達意義作爲相互的溝通行爲，該是很有可能的。人類製作工具以及利用工具，兩手的上肢是必能自由活動。同時亦必須作直立的姿勢，兩足且能步行，當是必要的條件。而且拇指和其他的手指也要能相向才能握持物體。如是手的活動是經由腦與神經系統的指揮和控制，如果爲了某一目的而改變手的活動方法，其時腦的動作，就需依賴知識的記憶來取決它。最後由於這個原因與結果，即經由知的過程，最終才能製造出工具。

如是腦的動作，它是必經由學習中的記憶，從而使之概念化。而具有特定意義的記憶，再而移轉爲聲音則成爲言語。語言就是最簡單而又最有效的傳遞意義的方法。

人類很早時期便喜歡藉集團以共存，因此，我們不難推知其時對於工具的製作，由於社會秩序性，出現某一種規範的「雛型」的工具，是沒有置疑的。

有人認爲人類發展的歷史，在工具出現時，文化亦隨之擴展於諸領域，甚或繼之產生嶄新的創造。這種推測也許是不甚妥切的。關於這一點，因爲在學術上，既往對於工具的發生，過分視爲文化上最重要的地位。事實上，人類在最初的經營生活中，最先不可能開始就製作工具；無疑地，它是必須經過一段時代，而與社會生活和精神生活相互關連而存在的。

所羅門群島巴和族土著以樹枝和乾葉築屋，然後用黏土塗於外殼，頂上開穴通風，下留一穴作出入口。

2. 工具與物質文化

在文化人類學中，對於工具（tools）一詞，雖然還沒有嚴密的定義，但一般應該是指手動生產或工作用的器具。

若就工具發達的歷史來觀察，Mars, K.H. 氏把工具區別為人力與動力兩類。以人力來操作者稱「工具」，以動力操作者稱「機械」。Mortillet, A.D. 氏把它區分爲道具，

器具（apparatus）與機械。原始的東西稱道具，手動的東西稱器具，利用動力來操作的稱機械。也許這樣的分類，才能確切地對社會經濟歷史的變化做一個明顯的劃分。

關於道具，如果要在技術上加以詳細的分類，由於它本來乃用於達成生產的一個手段，目的是不變的，但人類使用的道具依其用途不同予以嚴密分類的話，是非常因難的。例如亞馬遜流域的原住民，弓的用途原是爲獲得食料的一種狩獵用具，可是同時也用於戰爭時的武器，甚或用於宗教上一項重要儀式的象徵物。又如容器等的器物，它原是調理器具，但有時也作爲運搬具與貯藏等。因此，若加以特定的分類是沒有意義的。

在人類生活中，對於衣食住的必需品，諸如宗敎與生產等用具，在文化人類學中，以這些器物爲研究範圍對象稱爲物質文化（material cultures）。研究物質文化，大致可以分爲兩種方法：(1)以「器物」爲中心對生活上的研究；(2)「器物」底科學技術的造形術之研究。

3. 生活

以生活爲基本的要素，乃爲生存必需的手段與生存方法的價值觀，而此兩要素，它在脈絡中到底如何能獲致統合，是爲其研究的焦點。假設同一的用具，如果由於民族的不同，對其使用的方法也不一樣的話，即此用具在它的生活中，其意義自然是不一樣了。同時，由於用具的目的不同，而它對於使用者的價值觀也有很大的差異。

在文明社會中，對於道具所要求的便利性、效率性以及省力性等，是現代經濟典型的價值規準。可是在原始社會中，他們的觀念並不如此。例如 Milinowski, B.K. 氏在他的一本遊記「西太平洋的遠洋航海者」一書中，則謂陀羅普利安島民的生活，他們對於農耕的作業，毋寧說他們喜

愛耕作的工作過程，或者把作物修整得漂漂亮亮，遠較收成更為重視。

又如南美寧底巴族，他們的日常生活非常簡陋，沒有衣著，吃也沒有定時，擁有的用具，有一把山刀和一個土鍋。巴西人認為他們懶惰而又不誠實，可是他們認為今日的生存目的全是為了來生，現世的生活即使受一點饑餓也不在乎，它只是過渡而已。同時他們對於工作的觀念，認為一天工資，吃掉就沒，又何必去工作呢？因此，文明社會的物質文化，不論多麼漂亮，他們認為來生也用不著。上述的事例，當可看到原始社會能夠適應現在生活就感到是幸福，文明社會的豐富生活，對他們是沒有什麼意義的。圖示人類在社會中使用不同的道具和生存之間的各種關係。

價值觀＝生存方法

器物＝廣義的道具

社會＝人際關係

人

4. 技術體系

這裡所謂技術（technology）一詞，是為了要達到某一目的，而又需依循自然的法則（科學），藉以達成某項目的的方法。換言之，它是限於合理的、客觀的一種方法。

技術的過程，最先要從環境的觀察開始，繼之發現它的因果關係，同時須把法則一般化成為一件東西，並使之成

東非一般遊牧民的房子，外表像一個大蜂窩，但很富機動性，隨時可以拆散放在驢子身上運走。Rendille，東非。

為具體的「物」加以應用。例如除澳洲而外，所有其他地區，幾乎都知道使用弓箭。由於發現了這件東西的彈性，而後再利用竹枝作箭以為射殺獵物。

其後，又知利用物體的彈性，更製出了發出音樂音響的口琴。繼之應用此一原理作弦，由於弦的長短調變，奏出具有許多音階的弦樂。

上述「彈性」的發現，以及「火」的使用，都是人類對「能」（energy）的發現之一。另一個發現，就是自然的屬性，諸如「堅硬」和「易碎」的各種物質的性質。因是把自然物利用其屬性作各種加工，使人類雙手機能擴大，遂產生了所謂「技術」。

技術是指科學的應用，造形術則屬手工的表現領域。圖為非洲幾內亞比索人的造形美術作品 —— 鐵杖。

5. 造形術

技術與造形術（plastic technique）的分野，前者是指科學的應用，後者係屬於手工（art）底表現的領域。

人類所作的生活用具，得以作為技術上的說明者為數不多，毋寧說是製作者的意圖——諸如形態、色彩以及質感（textures）等的一種表現。具有單一目的工作用具，它的整體的形態，常是受到作業機能上的限制。例如陶器、編織、木製品等，它的造形形式和材質（materials）就是常常受到製作者的文化背景所限制。

上述的一種限制，或「手工」（art）的觀念，是和技術完全相反的一種精神活動，它所表示的，只是對應人類文化底知覺的研究領域。如果說造形術是「知的一種學習」，毋寧說它是「體驗的學習」當較為妥切。最終，如果不是個人體驗的習得，就無法把它積蓄起來，這是最大的一種特徵。例如模樣（patterns）、繪畫、彫刻、音樂和烹飪，都是此一領域的代表。

按此，綜觀「技術」與「造形術」，由於在用具的統合中，遂形成一個全體的要因。可是對於有關此二者要因的研究，它在歷史中，各自有其不同的方法論。因是，今後，我們對物質文化的研究，對於有關「物」的製作行為，就不能不開拓一個嶄新的「技術與造形總合的方法論」來加以探討了。

9.法律與人類學

1. 法與慣習

　　法與慣習都是社會規範的一種形態，按照它的機能來觀察，就是社會統治手段所產生的一種規定。

　　以研究近代國家法的法學，一般均視法律與國家權力兩者關係是不可分的。換言之，法律是由國家權力組織的強制力，包括了社會規範以至解決紛爭的基準。正如Jhering R.von所下的詮釋：「法是由國家權力所實現規範的一個總體」。

　　這裡所謂的慣習，是指某種社會內部歷史的發生，並在社會生活上反覆的行爲樣式。反之，即帶有違法意識行爲時，則稱爲慣習法。依照目前日本的民法，有些學者認爲慣習法和習慣的區別，頗爲曖昧不淸。

　　上述是站在法學上對法與習慣的想法。至於在人類學中，一向所研究的對象都是屬於無文字的社會，由於它是沒有成文法的社會，故此沒有什麼「法」可談。因是，我們對沒有成文法社會，視法與習慣、或咒術、宗敎與禁忌等，通常是沒有很大區別的。

　　在原始社會（自然民族的社會）中，它的社會現象形態、法、慣習、咒術、宗敎的禁忌等，大致都是渾然一體，是很難加以區別的。因此，如何在自然民族的族人生活中，從他們社會規範，以人類學的分析方法來抽出它的「法的現象」，而這一門學問，也許是法律人類學者所研究的課題和任務了。

　　下述是人類學者對「法與慣習」的若干學說和問題，提出了討論。

2. 拘束的義務

　　在早期人類學之中，大都認爲所有自然民族對慣習就是

法，慣習以外是沒有法的。約言之，即在原始社會中，慣習乃至一切行動規範視為同一的東西。例如 Hartland, E. S. 氏對於原始社會的法的解釋：「法即為該部族的總體」。而且，也有學者把慣習和超自然的刑罰——恐怖與心理的惰性等結為一談。又如 Durkheim, E.氏所謂經由集團感情而產生了自動遵守等理論。因此，在這些理論中都認為原始社會裡，是沒有司法的嚴密意味的。猶如 Hobhouse, L.T. 氏所說的原始社會對紛爭的事故是沒有處理手續，族人的秩序，都是由慣習的絕大力量來支持。

Malinowski, B.K. 氏曾對上述初期人類學者所謂「自然民族的慣習乃屬自動底服從」的見解認為對原始社會的現實而言，並不如此，並認為此種理論實屬武斷而加抨擊。

依照 Malinowski 氏的看法，認為法的規範，乃伴有一定「拘束的義務」（binding obligation）底規範，而與單獨的慣習的規範有別。同時，此一拘束的義務——它一方面是權利的要求，另一方面則對義務的履行，二者之間實有密切的關係——藉以遂行其目的，實屬一種「相互主義」（reciprocity），絕非無我的，對集團欠缺忠誠、或恐懼超自然的刑罰。約言之，Malinowski 所強調的「因義務所形成的拘束」，並非具有神秘性格的裁制（sancition），實是因個人的利害與社會的野心而激起的，慣習與禁忌，均非自動的服從。

上述 Malinowski 的法底概念，一如 Pospisil, L. 氏所說的「義務的原理」，由於它對社會慣習乃含有廣汎底法的定義，故此視法底人類學的比較研究，是沒什麼實用性的。可是，「法」在個人獨立的生理、或心理的方面所扮演的效果，在機能上，無疑地確實帶有原動力（dynamic）的作用。

3. 政治組織與法

Malinowski 氏的「法」理論，他對法賦予廣汎的定義，因是，在他的結論中，最終成爲凡是有效果的社會統制存在時，同時便有法的存在。Radeliffe-Brown,A.R. 氏對於上述的結論，認爲實太籠統，法應該有嚴格而具較狹窄的定義，因此，他提倡了頗爲接近許多法學者立場的法理論。即 Radeliffe-Brown 氏借用 Pound.-R. 氏的一句話，對法下了另一個定義：「適用於政治組織而成的社會力量體系所施行的社會統制，謂之法」。他尤其強調，在一定政治底組織的社會中，社會的統制乃以物理的罰則（sanction）爲法的規準。

該氏的理論，對社會 sanction 可大別爲：(1)非限定的罰則（diffused sanction）；(2)宗敎的罰則（religious sanction）；(3)組織的罰則（organized sanction）。法的罰則─即由權威確立所執行的罰則──乃包含在第三項組織罰則的裡面。

由於法的規準過分強調「政治底組織的社會」的結果，Radeliffe-Brown 氏卻認爲今日若干原始社會中，由罰則支配下的慣習，或者持有法的原始社會，到底爲數是不多的。例如菲島的 Ifugo 族，他們對複雜的損害賠償制度，或解決紛爭介入者的事件，由於欠缺集權政治機構，因是都說不上依法來處理。又如非洲若干部落，對損害賠償慣習，都是由豹皮酋長來調停，由此可以斷定它是一個沒有法的社會。

職是之故，因此有一些學者，認爲 Radeliffe-Brown 氏的法理論應該和物理的罰則相結合來討論。Hoebel,E.A. 氏對這個見解尤爲重視，因此他也成爲今日這個學說的承繼人。

例如 Hoebel 一向認爲在沒有政治組織的社會中仍有法的存在，但它是必具備有公的權威（official authority）和有權的實力（privileged force）兩要素。

4. 法的四屬性

根據 Hoebel 氏最近的著作，他指出「司法人類學（ju-ridical–anthropology）對於法的概念規定仍然是非常曖昧。原因是對於法的一般屬性詮釋並不明晰。

依照 Hoebel 氏的詮釋，法最先應該是具有司法底權威的裁判（decision）的形式，同時它也必需具備：(1)權威（authority）、(2)普遍的適用意圖（intention of universal application）、(3)兩當事者間的權利義務關係（obligation）、(4)罰則（sancition）等四種屬性。換言之，Hoebel 氏之所謂法，它不僅是社會現象之一特性，而是對於一定的時間，同時也存在著上列的四屬性，而構成為法的形態。

依據 Hoebel 氏的指出，初期的人類學者均誤認原始社會是沒有法的，而只有慣習；而且那些慣習，無非又是族人大家都遵從頭目的忠告和裁判而已。甚至有些學者更誤認人類的集團而成為集團的機能，不論它是「形式的」（formal）「非形式的」（informal）（非傳統的—譯者按），都是由酋長的裁斷底形式而產生了法。依照此一酋長（領導者）或權威者裁判的有無，因之產生了「法」與「慣習」規準上的區別。從民族誌學（ethnology）上來看，例如愛斯基摩的非形式的領導者（酋長），就是這裡所謂的權威者。

其二，所謂普遍適用底意圖的屬性，即權威者的裁判，並非政治的裁判，而是法的裁判，因此，它必需有一規準。

其三，兩方當事者的權利義務關係，即在一個紛爭事件中，權威者為解決此一事件所作的判決，它的內容乃意味著已包納當事者的權利與當事者的義務。如果在裁判沒有顧及這兩樣規定，那就不能成為法了。

其四，罰則的屬性，一向是司法理論中最被重視的一項屬性。而且它是必要具有法的罰則與物理的罰則（絕對的

強制力）等兩者的性格。可是，Hoebel 氏所論述的罰則，他對「罰則的效果」，較之「罰則的形態」更爲詳盡。詳言之，他認爲罰則，應視其是否眞正有效地能夠發生社會統制的效果。這種效果乃屬於一種「心理的罰則」，譬如嘲笑、斷絕恩惠等等，這些都比物理的罰則更具強力的一種規制。

Hoebel 氏的此一有關法的概念，實可視爲人類學者最早把法理論作統合的發展。同時，他所倡導的法概念，不特適用於人類學，即對一般文化（社會）的研究，也有莫大的幫助。

5. 法的前提

人類學者對於法的研究，最大的學術貢獻，就是對於法規範，以至所謂法底社會現象及其文化背景等的各種關係的深入探討。Hoebel 氏對於法的背景最爲重視。他尤其強調研究的焦點，應集中在當該社會所具有基本底文化的（社會的）前提（fundamental cultural social postulates）及其支配的價值觀（dominant values）。

根據 Hoebel 氏的學說，在此一文化前提之中，尤其當該社會的法體系在發生奠定作用的前提，稱之爲「法的前提」（juralpostulates）。在人類學的比較法學的第一課題，就是對各樣各色司法體系中各種不同「法的前提」的探究，藉以判斷在當該社會的法制度中，它的法的前提到底是怎樣實現的。

尤其，一個社會所具各種文化的前提，它的全體構成成員對於此一文化前提是必要有徹底的了解，同時這些若干前提，相互之間也必需有一貫性。從而法的爭議，乃依這些前提的解釋而決定紛爭上的勝敗。

而且，文化不完全是靜態的，它有時也會因時間的遷移

而變化。因是，一個社會，或者是文化底法的前提，當它在處理紛爭的過程中，到底會出現什麼情況？關於此等問題，都是法學者和研究文化變化的學者們，最饒興口味的課題。

Llewellyn,K.以及 Hoebel 二氏，曾經對原始社會的研究發表了一篇「紛爭事例研究法」（trouble case method），由於他倆的理論確立以來，可說是人類學對法研究的最詳盡而又最有力的方法論了。

人類埋葬他的同類，是為了怕他再回來，他把糧食物品隨屍入土，也是為了怕鬼魂回來責備他。故此人類產生了葬禮。Naba 族是沒有墓地的，只要找到那裡有鬆的泥土就把死者埋在那裡，蓋土後，上置陶器為誌。

參考文獻

- Redcliffe–Brown, A.R. 1933： P.202, 1952： P.212，中村孚美譯：「未開法」，P.171，（千葉編，『法人類學入門』所收1974）。

- 千葉正士『現代・法人類學』，北望社，1969。
  千葉正士編『法人類學入門』，弘文堂，1974。

- 川島武宜編「歷史・文化と法1」，『法社會學講座9』，岩波書店，1973。

- Hoebel, E.A., The Law of Primitive Man, Harvard University Press，1954。

- Malinowski, B.K., Crime and Custom in Savage Society, Rontledge & Kegan Paul, 1926。（青山道夫譯『未開社會における犯罪と慣習』，新泉社，1967。）

- Pospisil, L., Anthropology of Law： A Comparative Theory, Harper & Row, 1971。

- Radcliffe–Brown, A.R., Primitive Law, Encyclopedia of Social Sciences Vol. 9 ed . by E.R. Seligmam, Macmillan 1933.

  do., preface, to Fortes, M. & Evans–Pritchard, E.E., African Political Systems, Oxford University Press,1940.（大森元吉ほが譯『アフリカの傳統的政治體系』みすず書房，1972。）

  do., Structure and Function in Primitive Society, Cohen & West, 1952。（青柳まちこ譯『未開社會における構造と機能』新泉社，1975。）

10. 政治與人類學

1. 政治與人類學

「政治」（ politics ）一詞，是日常廣為使用的一個名詞，但若用於人類學中之時，由於觀點的不同，則其內容或含義，就會有很大的差別。Radeliffe–Brown氏在「非洲政治體系」（一九四〇年版）一書，對「政治的」一個名稱加以適切的定義：「獨立底理論來檢討對象，同時必須把特定的種類的現象加以區劃」。即他所假設「政治」的基準，是否要使用「物理的力量」，抑或它本質上就有「強制的權威」存在的可能性。

政治的組織，如果從它的側面加以觀察，所謂「政治」者，它只存在於特定的社會組織之中，例如以「國家」為中心立場者便是。實際上，他所謂的「政治社會」，在設有酋長的部族中是比較容易認出，可是，有許多原本就沒頭目來統治的部族，那就不容易察出了。

根據 Radeliffe–Brown 氏所述，他認為西方的國家論是傳統上的一項建立，一如 Morgan,L.H. 氏在他的「古代社會」（一八七七版）一書中所說，以氏族為基礎的社會或稱為「社會組織」者，它與以領土或財產為基礎的「政治組織」或「國家」，是有差別的。

至如另一部分學者，對非洲傳統的各種社會，把它區別為「有國家的社會」，及「無國家的社會」兩種，其實他們所用的基準，乃視一個「政府」的存在，是否有使用「物理的力量」或「強制的權威」而定。根據他們之所謂「政府」，乃指有集權化的權威與行政機構，完備的司法制度，行政區劃的制度等的複合物。

由於上述的兩大分類，刺戟著以後許多學者對政治問題的研究，同時對原始社會的政治組織，做了更多細緻的分類。

對於這一門研究的批評，根據 Schapeta,I. 氏的主張，他認為所謂「政治」或「政府」者，若在傳統的原始社會

，它的形態是必對外是獨立的，並且以自治的形式維持著內部底社會秩序的一個集團，他稱它為「政治體系社會」（political communicatee）。同時它也是必具有獨立的領土和指揮者（首長或頭目）；以此一指揮者為中心的集團中樞，是為政府。

按此一觀點，所有社會可能都有「政府」的存在。例如由十以至三十人組成的布希曼（Bushman）家族群，或由數十萬人組成的組魯（Zulu）族王國，在同一水準現象加以觀察，對「政府」一詞的含義則頗相同。

自從 Radeliffe-Brown 以後人類學對政府一詞的意義，才使許多學者的意見漸趨一致。

組魯是今日非洲286部族中，擁有人口最大的一個黑人王國。組魯(Zulu)是「上天」之意，他們自稱為"amazulu"，意為「天之子」。圖為戰士在祭典時的豪華裝飾。

每年七月間組魯族在Durban舉行Shembe 先知者的祭祀舞，他們一邊跳舞，一邊唱著讚美詩，Shembe的一位聖者，當可視爲王國政治中的一項重要特徵。

2. 豹皮頭目

在人類學中，最能得到看法一致的，就是在許多部族的社會中，即使沒有王者或頭目（首長）底政治權威者的存在，但其部族的組成，也能維持井然的社會秩序。

奴亞族便是一個最古典的例子。在他們的社會中，並無政治權威者的存在，對於紛爭事件的裁判，是由一個「豹皮祭司」或「豹皮頭目」來實行解決。這裡所謂祭司或頭目，只是一個禮儀的專家，他對族人雖然沒有強制的權力，但他在族人的眼中，地位卻是崇高的，且是一個權威的

人物。

　而且，他所居住的場所，同時也是族人犯罪者的庇護所，譬如殺人者跑進這所庇護所，被害者則不得進入復仇，因為祭司的神聖居處是不可以流血的。因此祭司很自然地遂成為調停者或和事佬，或為解決雙方賠償的事項。祭司調解的成立並無任何的強制力，族人只是依賴儀禮的一種信仰，停止了紛爭。

　類此上述「豹皮祭司」的功能，Mair,L. 氏評價為「最少的政府」，而類似此等「豹皮祭司」的人物，實際上已具備著政治底問題上的一個仲介人的資格。在奴亞族的社會中，由於「儀禮」與「政治」的交流和互動，顯示著它維持社會秩序的力量。

3. 政治組織與血緣·地域的紐帶關係

　Maquet,J.氏對於政治與政府，懷疑它是否和血緣關係有重複？諸如政治組織與地域的紐帶關係問題，他曾經做了很多的探討。

　前此，Morgan 氏認為：「在政治各種觀念的歷史中，認為具備政治機能體系唯一可能的基礎就血緣」，尤其是古時朦昧民族底社會的政治組織，血緣紐帶乃最為重要。至於政治組織與地域的影響，該是以後的時代，而且是屬於「革命的」的事件。

　關於這一項的問題，Lowie,R.H. 氏認為血緣的紐帶與地域的紐帶，並無時間上先後發生之分。不論一個單純的社會，或為一個複雜的社會，兩者都是同時存在，而且是相互交織的。

　例如奴亞族的社會，他們的政治組織，幾乎是屬於直接的親族或血緣關係的形態。一般原始社會的法律和政治的制度，雖然建築在父系制的氏族（clan）原則上，可是這

個原則，往往又是依照母方血緣與其他氏族諸關係而決定的。

關於地域的紐帶，則以王國和首長國的領土爲典型形態，但它並無「國境」等明確的境界線。它不過最初從一個地域，最先漸次發展爲「村落」的社會單位，同時內容是多樣的。要之，一個地域的結合，最重要的原理就是政治的組織。然而這些組織，有些是無首長而依賴自律的組織，及王國的組織等兩類而成立的。

上述兩類，前者是與「人齡階梯制」相結合構成內部的組織，此之所謂年齡階梯制，它是必需有血緣，或親族關係相融合的組織，奴亞族的村落就是這種形態。

後者的政治組織，最饒人興趣者，就是村落階段的住民，漸次與鄰村結合，並具一定的自律性，設立若干小首長（小頭目），形成一個國家下位組織的一個村落單元。

4. 政府與國家

在人類學家的觀念中，認爲一般社會都有政府，而且政府與國家都有區別。例如 Morgan 氏，認爲「政府」是人類社會的共通制度，而「國家」是由於氏族消長而產生出來的。

在人類學中，對於國家的一詞，在觀念上大都稱之爲「王國」底相似的念頭，而且是具有若干特徵。例如它是一個住民全體的領域，而由一位卓越的政治權威者（王）所支配著。其次是具有王制。王座底正統性的神話與象徵物。再其次是王的權威由中央、地方官員（首長等）與行政組織。此外尚有王族，即貴族與平民等的階層分化。所謂政府的特徵，對於背叛王命的人就要受到懲罰（組織底強制力），徵收租稅（經濟底資源的支配），以裁判維持社會秩序（法律的整備），遂行戰爭（對外的獨立與統一）

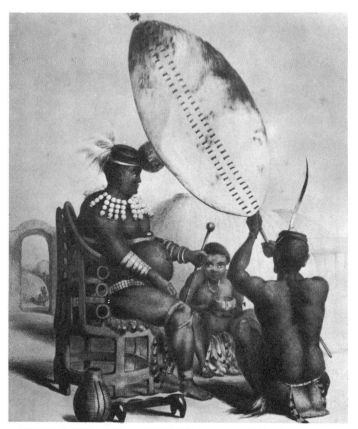

一幅歷史性的圖畫，描寫1842年組魯酋長Mpande登位的情形。在他統治組魯王國的時代，也是代表組魯最強盛時期。此圖採自"Kafirs"書中的一幅插圖。

等等機能。在學術上，雖然厘訂了上述若干特徵的要素，可是對於具有國家的社會與沒有國家的社會之間，要劃出一個明確界線，仍然是很困難的。

事實上，例如在非洲的許多王國，其中也有「專制的」與「非專制」的之分。有一些王國，他們的首長可以自由配置和轉換，或有因王的權力被削弱時，一旦由其下屬的首長取了王位，他的子孫甚至也可以承繼其權力。此外還

有一些非洲王國，雖然設立有王位，但在制度上對於權力
的使用，卻有許多限制。

　在非洲的許多王國制度中，都設有由長老組成的評議會
，此一組織的機能不特可以抑制王權或批判王的行爲，甚
至對王可以有反對的決議，罷免他的王位的。

　有些評議會的抑制機構卻設在王國的上部，喜馬拉雅山
地的卡秦族就是一個例子，這個部族即往由於王權的濫用
，曾經一度引起住民的叛變而成爲平等主義的社會。

　但也有一些王國，由於住民對於王的「儀禮能力」抱有
極端的崇拜時，久而久之遂與超自然力（super　nature）
相結合時，而王則成爲「神」王。

　綜觀上述，我們對於血緣、親族關係等對王國的構造已
有明確的了解。即在人類學中，對於王國的構成，領土固
然是必具的條件，另一方面，血緣的一項，也是構成政治
組織定義上底要素之一。最終遂成爲由血緣關係所產生的
特有的道德底規範，用來抑制政治關係的一種形態。

參考文獻：

* Maine, H.S. Ancient Law, 1861.
* Morgan, L.H., Ancient Society, 1877.
* Fortes, M. & Evans–Pritchard, E.E.(ed.), African
  Political Systems, 1940.
* Schapera, I., Government and Politics in Tribal Societies,
  1965.
* Mair, L., Primitive Government, 1962.

1971在菲律賓Mindanao密林中發見的 Tasaday 族共24人，他們屬於純血的Nigrito，目前仍維持著石器時代的生活，以採集野果、青蛙和昆蟲爲生。菲政府已劃出50,000英畝的雨林面積禁止伐林，作爲保護他們的地區，以供人類學者研究。

原始的人類沒有醫學，但最早能注意到自己身體上生理的變化也許就是女人，她們有月事和生育，尤其她採集野果對植物有高深的了解，更發現了草藥，故此，最早的醫生或巫醫，應該是女性而不是男人。圖爲居住在洞穴中的Tasaday女孩，自從能行走開始，就須尋求生存的經驗。

人類在紀元前十五萬年前已知應用礈石發火或木材鑽火，從熟食發現了食物的調味，同時從灰燼也發現了消毒和止血的外科醫術。圖示 Tasaday 族人燒烤薯（yam），左下的小孩吮吸花蜜。

一般自然民族並沒有生理知識，深信生育乃為精靈的賜予，故很早時期，就崇拜男器。圖為 Benin 族的牙雕，主題表現王者的權杖、煙斗和他的性器。

人類為了生存最早開始狩獵，其後為了爭奪土地開始族鬥，由於戰爭是無止境的，故此習慣了砍殺，殘酷和暴力逐成為社會和國家組織的原動力，既往許多王國就是暴力的產品，也藉武力而生存，同時導致了貴族、平民和奴隸的制度。圖為西非Bamileke 酋長，他住屋週遭所陳列的彫像都是象徵他的權力，左立一人為近身僕人，右坐者為巫師。

左圖：游牧民族大都
是好戰的。
圖為 Nairobi 北部
Samburn 族的戰舞
。

一個 Nuer 兒童一早起來就用嘴來吮
吸母牛的乳房，刺激她產生更多的牛
乳。在自然民族的社會裡，人獸之間
的親情是文明社會中所沒有的。

左圖：Dogon族人在Chad 湖中用以捕魚的獨木舟。
右圖：Dogon族人的穀倉依峭壁而建，他們用黏土經太陽曬乾和木棒補強所築成的建築物，至爲輝煌宏偉。

人類的畜牧，可能在狩獵，當田獸被捕殺後，遺留下來那隻嗷嗷待哺的仔獸，人們把牠帶回部落蓄養而

開始的。人畜共處的「史實在很早，但他進一步發現自己的自私與貪焚無窮之時，才開始變為人類」。

從非洲布希曼族(Bushman)的生活中,很難看出來他們就是善於岩畫天才的作者。左圖示布希曼人夜間點燃營火嚇唬獅子不致接近營地。右圖是父親教育兒子求生的知識以及如何撲殺一條巨蟒。他把巨蟒破腹以後,放在炭火中烤三小時,一家大小就可以享受一頓美味的晚餐。

Namibia的Etenqwa地方一位酋長，他的一所泥屋雖小，但却住著四位妻子和他的兒子，一共六個人。他擁有一根狩獵的矛，矛上飾有一根牛尾巴，象徵權力。

酋長的屋子裡經常放著一個木桶，內盛牛乳，供奉Himba神。

人類的文化歷史是極其漫長的，美術史上最早的遺物可以追溯至紀元前二萬年，舊石器時代已經留下了那些用骨製作的針、磨光器、粗糙的雕刻和岩壁上的岩畫。尤其西班牙北部Altamira以及非洲索馬利蘭Seton-Karr 舊石器後期留下的遺物，當是Cro-Magnon人類最巧妙的成就了。▲
圖示筆者1984在Mokhotlong 原野採集岩畫資料的情形，岩畫必需濕水後使彩度顯露出來才能攝影。▼

Rock paintings found in Mtoko Cave, Zimbabwe, Bushmen.
Frohenius-Eastitut, Frankfurt am Main. ◀

世界各地不同種族和不同的文化，不必經由交流或傳播，彼此文化在發展至某一程度，常常會出現類似的文化，面具則其一例。此同一理念的出現，人類學中稱之為「原質思念」。圖示Congo Rapindo面具，木製，塗彩，高13¾英吋。

Bushongo面具，Congo，木製飾以綴珠（cowire shells），黃銅釘。它是專供秘密結社舉行Babembe祭典時所用。

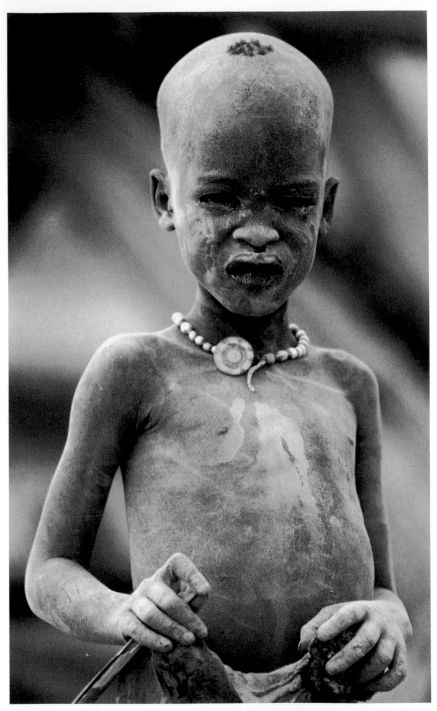

非洲游牧民，日常都有儀式的舉行。圖示一個 Nuer 小孩，夜裡睡在灰上，清晨方自地上爬起來。

一般游牧民只飲牛乳而不屠殺牛隻，除非牠是生病或自然死亡。上圖爲一群Dinka族人把病死的牛隻運回作糧食。下圖左爲族人將灰燼塗在牛角上加以清潔。

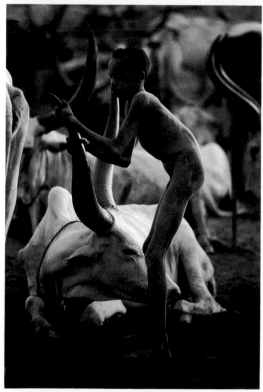

在蘇丹南部Fuba的一個Mondari 族人提著一梱食物和一隻田雞從市集回家。
118

一個Nuer族女人手上所持葫蘆是作盛乳之用，她經過一頭牛，正好抽起來當揩布用。

右為Dinka 老人
；左為羊隻內臟
掛在樹枝，帶有
宗教的意義；下
圖為Dinka 人用
紙草編織繩索。

閒來無事，互相用acacia刺梳理頭髮，
是一天長途跋涉下來，藉此恢復疲勞，
也是最快樂的時光。

毀身裝飾是藝術之一,甚麼是美,千年前人們仍爲它的本質與歷史來源提出爭論。在許多低陋文化的民族中,男女都甘願忍受針刺的痛苦,花上半生的時間來打扮自己,博取虛榮。

紋身、刺色、疤痕的施術都是極為痛苦的，尤其是疤痕，施術者用礫石或貽貝殼，以為植物的針刺將肉割開或刺穿，然後用一球形泥土或一種植物汁敷在傷口上，傷口癒後卽成為疤痕，以炫耀自己。
圖為 Nuba族女。

祭典在文明社會是一種人際的交流，但在原始社會却是一種教育。圖爲Nuba 族人在擇偶的格鬥比賽後，長者以口傳的方式向下一代講授傳統的英勇風習。

西非 LoDi, Kassena,以及 Senoufo 諸族,在舉行儀禮時所載的面具,也許是非洲面具中最戲劇之一。
原始的人類理念裡有一個精神世界,爲了尋求和祂保持和諧並向祂祈福,因此產生了儀禮。儀禮是人類
心理上所表現的一種行爲,是崇拜神祇的方式,日後逐漸成爲人類普遍的「同感的魔力」。出生、死亡
、治病、求孕,此等儀禮不但見諸現存的自然民族社會,也出現在歷史的文明裡。

人類初期的「萬物精神論」或「神話的宇宙觀」，在各自然民族之間觀念是完全一致的。面具是自然民族心理上一種具象的表徵，由於進化更產生了各種面具的藝術。巫師經常規劃一些面具指令族人向它膜拜，藉以強調施術儀式的神秘氣氛，因此面具也是成爲巫師鞏固個人權勢工具之一。圖示西蘇丹地區伯瓦族（Bwa）的面具（正面和反面，木製，飾以纖維）。

在葬禮中許多面具的造形可能係模仿最早出現的祖先靈魂。圖示在Tisse 地區的族人舉行葬禮。

在Dossi 地區舉行葬禮時，用厚板彫成面具，象徵水的精靈。

黃銅面具造型銅鍵，高26.2cm，Nigeria。

New Hebrides 土著以火驅蜂取蜜。

人類學上最恐怖的一頁，就是原始的屠殺。屠殺在文明社會雖視爲暴行和犯罪，但在原始社會中，却是一種信仰。圖爲New Hebriges島內陸Malekula地區，住在峽谷的Mbotgate族人手持由樹葉燻製的頭顱木乃伊。

上圖土著以野芋葉作傘，作容器，以及包裹男器的多種用途。

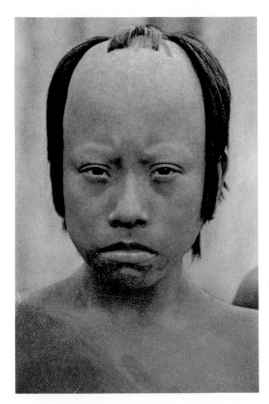

南美的Txukahamei族人，在未成年前要經過多次英勇的考驗。十二歲時要爬到樹上讓胡蜂針刺。第二次用鋒利的魚齒在腿上割傷痕。第三次則參加「狩獵訓練營」，授以求生和做一個戰士的各種知識。「畢業」時用genipap果汁把身體染以黑色條紋，臉部則用一種名為urucu植物染成紅色。經過這樣一段漫長的訓練，才能有性關係的自由。

穿鼻原是一般自然民族在舉行成年儀式時，對受禮的兒童考驗他的勇氣，和使他了解對社會的責任。圖示Kashorawe-teri族的習俗，不論男孩或女孩，都要接受穿鼻、穿唇及穿口角的痛苦考驗。

南太平洋 Ganonga 島上，安置
頭骨的洞窟注意岩壁上所刻的人
像，是驅除外來惡靈的保護神。

Caroline群島西部（yap島）島民的紋身。
密克羅尼西亞紋身只限於男人，女性只有在指上刺簡單花紋。

新幾內亞Maprik土著所建的會所,它是完全利用天然材料,沒有一釘一鐵,高達八十英呎。整座建築物的結構頗富彈性,尖頂在風中擺動,最大的差距達二英呎。

Sepik河Kambrambo集會所中的繪畫，用天然顏料繪於Sago-Palm 樹葉上。它是用木錘將葉子錘薄曬乾，再縫合起來作畫。內容爲祖先崇拜，造形與神話有關。高約38英吋，寬約39英吋。

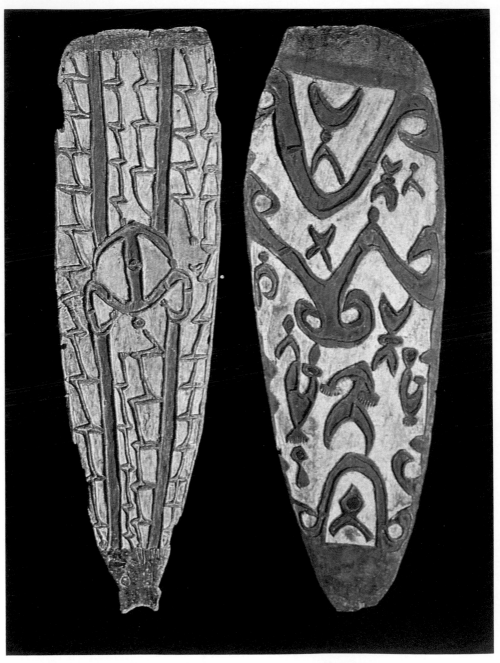

Asmat區的木盾，西南部新幾內亞。左圖採集自Lorentz 河流域，右圖採集自Eilanden河流域。此類木盾高度均在20英吋左右。

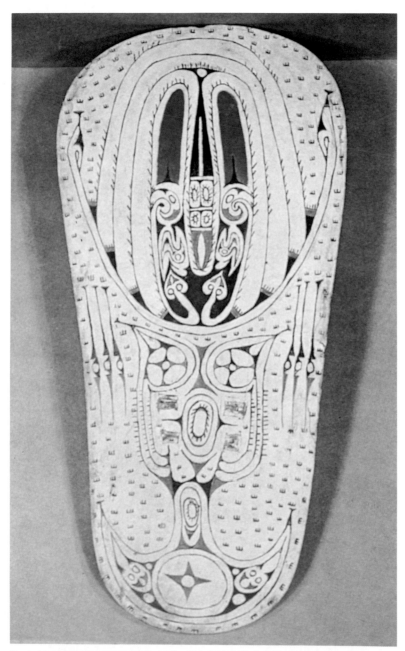

Trobriand島民祭典舞蹈所用的木盾，盾上所繪主題爲巨蟒，這種優雅的圖案，正是
Massim 典型的形式。高約23英吋。

木彫，採集自Lake Santani ，原始彫像在自然民族的社會中，大都產生自性的慾望，否則，大多數也屬於巫師驅除瘟疫或作爲保護神。由於原始藝術是直覺的，常在性的慾望與現實的當中，缺乏緩衝，以致沒有時間去對造形的想像，故此使作品更能產生感性的美感。木彫高約40英吋。

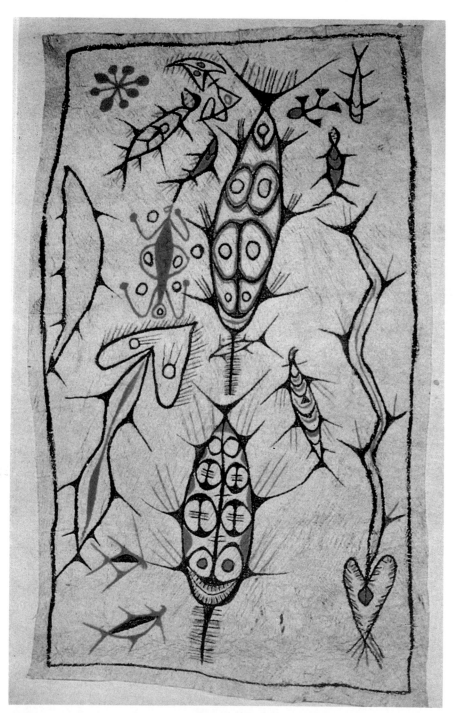

樹皮繪畫，採集自Humboldt Bay地區、圖中生物象徵家族。顏料爲礦土，52×32英吋。

決定人類歷史的因素，是直接關連著物質生活的生產方式，它也是制約著整個社會、政治和精神生活的
過程。但人類和其他動物不同，並不是用改變自己的機體去適應自然，而是用改造自然的方法來適應自
己，這就是文化變遷或文明發生的原因。人類與自然相處之中，一向忽視了應該遵守的規律。文化人類
學與生態環境保育問題，當是二次戰後才開始研究的課題。圖示新幾內亞雨林。

11.所有與分配

1. 所有概念

「所有」一詞，在一般概念中，是指對一件事物的全面利用與支配。在我們的社會中，個人的所有權——即私有財產制的確立，已成爲今日社會制度的中核。

但是，爲了確立此一事物的所有權，它是必要有一項根本的前提，亦即事物的對象，對於所有者的價值問題，而此價值的背景，卻是所有者的社會。故此，所有的價值，而是成立在社會所肯定的價值上。

因是，事物所有權的確立，它是與所屬社會的價值體系，或社會的規範有密切的關連。如果各種各式社會的規範不同，價值體系不同的話，而所有權的認可、含義以及形態等等，自亦隨之有異。

即使在我們今日的社會中，所有權的確立，它也是經過漫長的歷史過程和變遷，而後才達成今日的自由形態的。詳言之，古代的社會，封建制度的社會以迄近世的社會，在這些不同時代社會制度中，所有權的形態，當然是迥異的。而自由底所有權的確立，自然是資本主義經濟的關係，而且是在近世才確立的。然而此之所謂所有權，在現代社會中，事實上，並非完全的自由，在某一種度上，它必須依照社會需求的目的，其內容也得受到某種的限制。

同時，由於資本主義經濟也有不少社會的諸種矛盾，故對所有權的絕對性，自然也產生了疑問。即在社會主義與共產主義社會中，所謂所有權則應由社會的所有，或國家的所有。

如是所有權的擁有方法與形態，它是和社會規範相結合的。如果作更細緻的觀察，所有權實與其生產樣式、社會結構、政治構造、以及世界觀或宗敎觀等各種要素相連。

例如住在南非的布希曼族與分佈在亞洲西部乾燥地帶的游牧民，由於他們生活方式的不同，以及價值體系、社會規範的不同，因是上述兩者對他們的「所有」內容與意義，自然是不相同的。同時，即使是農耕社會，燒畑農民和

水田稻作農民之間，由於生產方式的不同，而對於土地價值的體系也是廻異，從而對於土地所有形態，自然是相異了。

　而且，所有權的形態，其所屬有個人的、氏族的、團體的，以及國家的種種之分，它是和不同社會規範相結合，它是依存於社會，而此社會又因時代的不同而變遷，故此不能一概而論。

2. 分配與互酬性

　「分配」是經濟活動基本過程－生產、分配、消費三者階段中之一。分配的方法和範圍，依社會的政治及構造等不同，而有各種形態。

　所謂分配，在基本上，原是生產的所有與勞力提供相應的一種平均享有的制度。也有一些首長制社會，土地雖然是屬於支配者所有，但在土地上的生產物，並非歸由支配者一人所得，而是分配給一般族人。這種社會制度，頗能獲致均富作用。

　在上述社會，其防止偏富的分配制度，在人類學中稱之曰互酬性（reciprocity）。此一制度的本質，換言之，即「give and take」的原理，Malinowski,B.K. 氏認為此一制度不但是一種分配的經濟制度，而且也是勞力的提供，它與結婚制度的一個社會制度根本原理相同。

　美國經濟史家Polanyi, K.氏認為此一互酬性原理，是諸種社會中多樣經濟活動的理論基礎，同時此一理論，也是Dalton, D.及Sahlins, M.D.諸氏「經濟人類學」（Economic Anthropology）論點的開端。依照「制度化以後過程中的經濟」一篇代表論文中，他們均認為經濟的過程，是必產生在一個制度的社會，促使經濟過程制度化有三原理：互酬性（reciprocity）；再分配（redistribution）；交

土地雖屬支配者所有，但土地上的生產物，並非由支配者一人所得，而是分配給一般族人。

換（exchange）。

　　依照 Poliany 氏的定義，所謂互酬性是：「在對稱底集團之間的相對點間的移動」；再分配是：「從某一集中的中心所形成某一佔有的移動」；交換是：「所有者依據市場制度所發生的可逆底移動」。

　　上列的三項原理，在經濟學上認為是形成經濟社會最基本的要素。例如「互酬性」是鞏固社會集團最有力的背景，「再分配」是集團的向心性，「交換」是市場制度必具的價值決定的機能。

　　Sahlins 氏更認互酬性原理是任何社會最基本的規範，下表為 Polanyi 氏所倡導三原理，其所對應互酬性的各種不同的類型。

Polanyi氏	互酬性	再分配	（市場）交換
Sahlins氏	普遍的互酬性	平衡的互酬性	消極的互酬性

近世的「比較經濟學」以及「比較社會學」都是依據上述的理論基礎作更深一層的研究和探討。例如 Firth,R.W. 氏的「單純底進化主義」的圖式、「原始社會經濟」、「農耕經濟」、「產業經濟」等，其所有的方法、生產、分配、消費等經濟活動的統合原理，以及制度化的社會規範的背景的探索，無一不是以 Polanyi 氏的原理做根據而後發展的。

3. 布希曼社會的所有與分配

田中二郎氏曾就南非布希曼狩獵採集民做過調查，認為他們分配相當於「普遍的互酬性」。

Polanyi 氏所謂互酬性，類似這種經濟活動的社會，即南非的布希曼以及澳洲的狩獵原住民社會，就是典型的例子。在他們的社會中，並沒有什麼地位與身分的區別，所謂分業底社會的成層化，只有性別與年齡來作為社會職責的各種腳色規定。因此，可以說是實行平等主義的一種社會。

他們的社會，大致是經過若干年的時日，家族成為社會的單位。而日常的生活，是由若干家族集合而成為群。由群的單位來組成一個社會集團。

依照田中氏的看法，布希曼的社會是由分配與共有的平等主義所支配著。可是對於衣著類、裝身具、毒箭以及獵具等，它的所有權卻是分明的，同時他們對於借貸和贈與也很在意，不過他們的所有權，應以分配作為它的前提。

在布希曼人的社會中，分配上最重要的意味，當為食物

149

的分配。所獲得食物，如果是小動物或採集植物等，原則上是供獵者及其家族單位的消費。如果是獲得大動物的話，則供給族群的人們，大家共享。至如分配方法都有一定的規矩，一般獵物的內臟和皮毛歸獵者所有，獸肉則分配給集團中所有的族人。

至於這些狩獵採集民社會的分配，並非沒有代價。即得到分配受惠的人，在不久的將來，也得以獵物酬報給對方。雖然沒有規定同等的獵或期限。上述經濟形態的社會規範，稱之曰：「普遍的互酬性」。

布希曼的共同生產與消費的社會，也是說明了原始共產制度的理論。若就一個社會的所有權制度論點來觀察，不論其為公有制抑為私有制，但在布曼的社會，其所謂普遍的互酬性理論中，如果對大動物的分配，獵手仍有優先權。至如獵具因個人勞動對生產物的所有權等，即在共產制度的社會，對個人的勞動，仍有其評價的價值體系。

狩獵採集民社會的分配有一定的規矩，一般獵物 的內臟和皮毛歸獵者所有，獸肉則分配給集團中所有的族人。

4. 再分配與社會形態

在布希曼的社會中，我們試觀察它典型的普遍的互酬性原理，即在互酬社會的規範中，在習慣上，受惠的一方，必須儘快或在一定的期間內，以同等價值的獵物來酬答對方。Sahlins 氏謂之平衡性的互酬性原理。

關於此一原理，亦見於米拉尼西亞（ Melanesia ）的社會在南太平洋諸島中，不同言語和不同文化的部族間，他們所實行的所謂 Kura 交易，在習慣上雖然要舉行咒術儀禮或公式化的儀式，在宗教上的意義雖很重，但在經濟上，卻具平衡的互酬性的統合原理。

上述由互異部族間所成立的 Kura 交易，最令人注目的就是參加交易的男性人數，依社會的不同，自然牽涉到參加規範的問題，甚至它社會內部的結構問題。而此內部的結構，它的價值體系，當然是由所有權與分配理論所支配著。

按此一觀點，它也是意味著 Polanyi 氏所主張的再分配原理。在一般部族社會中，都比狩獵採集民社有更高度的社會成層化，生產物與勞動都有集中的組織。Polanyi 氏認爲，如果一個集團或社會中，在結構實須某一程度的「中心性」時，它的經濟統合原理，就能發生再分配的作用。

參考文獻：

● 青山道夫編『アフリカの土地慣習法の構造 』，アジア經濟研究所，1963。

- 石川榮吉ほが『人類學概說』，日本評論新社，1985。
- 中根千枝ほが編『人間の社會［Ⅱ］──現代文化人類學4』，中山書店，1960。
- 杉浦健一，『人類學』，同文館，1952。
- 杉浦健一，『原始經濟の研究』，彰考書院，1948。
- 田中二郎，『ブッシュマン』，思索社，1961。
- 增田義郎，「傳統的社會の構成とその近代的變容」，玉野井芳郎編，『文明としての經濟』所收，潮出版社，1973。
- サーリンズ,M.D.（青木保訳），『部族民』，鹿島出版會，1972。
- ボランニー,K.（吉沢英成ほが訳），『大轉換－市場社會の形成と崩壞』，東洋經濟新社，1975。
- ボランニー，K.（玉野井芳郎ほが譏），『經濟の文明史』，日本經濟新聞社，1975。
- ボランニー,K.（端信行ほが譏），『經濟と文明』，サイマル出版會，1975。
- マリノフスキー，B.K.（增田義郎ほが）「西洋太平洋の遠洋航海者」，泉靖一編『世界の名著』，第五十九卷所收，中央公論社，1967
- Banton.M.（ed.），The Relevance of Models for Social Anthropology. Tavistock Pub., 1965.
- Firth,R.W.（ed.），Themes in Economic Anthropology, Tavistock Pub., 1967.
- Herskovits,M.J., Economic Anthropology, Norton Library, 1940.
- Leclair, E.E.（ed.）Economic Anthropology, Holt, Rinehart & Winston, 1968.
- A Committee of the Royal Anthropological Institution of Great Britain and Ireland.(ed.)Notes and Queries on Anthropology, (6th ed.)Routledge & Kegan Paul, 1951.

12.贈與論與交換

1. 交換制度

交換一詞，在概念上它包括著人類極爲廣泛的活動範圍，因此，爲它下一個定義是非常困難的。譬如「物物交換」是貿易形態之一；勞動及其報酬也含有交換的意義；有一些所謂「婚資」的婚姻，日本稱之爲「結納」，是重要社會交換形態的一種，此外還有不少例子，如兄弟姊妹相互交換，所謂「姊妹交換婚」，上述種種都可以認爲是一種交換形態。

在日常生活中，我們除了個人的交換以外，所謂「交換」者，概念上它包納著多樣的社會的行爲，而且它是從側面完成其交換目的。然而這些交換行爲，並非漫無原則。它在不同社會相互之間，或爲同一集團與社會之中，交換都有一定的原則。

大凡交換原則的成立，是相互以等價的事物爲媒介。因是，交換的成立，是相互以個人或集團的價值體系爲前提。是在一個社會之內實行交換，其規範則以價值體系爲根據。如果在不同社會之間實行交換，其制度往往在價值體系之外；在這特殊情形下，它就必須另加價值規準（或爲必需性），藉以保障交換上的安全。而且，交換固然是以事物爲主體，雖然有時因個人或集團制度意志（酋長、君主等）的不同而稍有變化，但大都仍須依照社會規範作爲主要的前提，自不待言。按照上述的意義，則所有交換，其社會背景，當是制度上最重要的一項因素了。

在交換中，也有一些是相互以非等價事物爲媒介，祇以等價的必需物而成立交換的，例如物物交換，就是一個典型的例子。

相互以必需物品交換所成立的「物物交換」，大都基於社會規範的價值體系和規則（rule）來實行。這種原始社會的交易形態今日猶見於世界各地，自然地，此等不同社會的相互交換，最重要的當是以安全性作爲前提。

此外，還有複數媒介物的相互交換，其營運的制度，自

然也比前者複雜得多。例如商業集團和商業民都是具有此等複雜交換的機能。類此這樣複雜交換的制度中，媒介物或有以象徵的價值物體來代替。例如鹽、布料、嗜好品、裝飾物等，在交易上都可作爲某程度價值的媒介物來使用。譬如 Melanesia 族人在交易上常常以首飾或手環當作象徵價值的媒介物。雖然這些首飾在嚴密的意味上它並非貨幣（通貨），然而它在原始社會，確實具有媒介物的機能則是不可否認的。

由於具有複雜制度的交換，因此產生了市場。在各地域中，不論任何形態的市場，它都是先由社會承認而後存在的。此等市場地位的前提，當是以社會規範爲背景的價值體系，而且又是由一個集中的價值意識所支配著。

至如在我們今日具有高度複雜化流通機的文明社會中，市場價格及基於需要和供給關係而決定市場價格。然而在單純的原始社會中，市場價格則是由社會制度的意志來決定。例如十八世紀在達荷美的社會中，市場的商品價格，就是由酋長來決定。不特在非洲，即在東南亞許多少數民族的部落中，同樣的例子也很多。依照此一意義，則原始社會的市場，亦可視之爲部族的首長所管轄的一個神聖場所，它同時具備著決定市場價格的機能，也具備著交換集中化的制度。

Polanyi, K. 氏按上述的制度，再加入互酬性。再分配兩要素而成另一經濟原理市場交換形式。在含義上它與前者 Delton, G. 氏所述者不同。

茲將 Delton 氏的市場制度與 Polanyi 氏的三原理市場制度比較如下表：

Polanyi氏	互酬性	再分配	交換
Delton氏	無市場	末端市場	市場

按上列所述，對交換一詞的概念，當與互酬性及再分配等的概念相同，同時也可以了解此一制度，與社會規範有重要關連。

2. 贈與論

基於互酬性的行為以及再分配，此等廣泛的交換制度，它是必與交易或貨幣的要素相結合。由此要素的結合而構成市場。此類市場制度，有時也許沒有價格決定機能的存在，但不能不承認它是一種交易與貨幣的存在。這裡所謂交易與貨幣，在某些原始社會中，並不似文明社會所持的概念，此在民族誌的記錄與歷史記錄中，既往都有不少例子可資參考。

根據 Mauss, M. 氏的記載，略謂北美西北海岸 Haida 族，在他們的社會中，有儀禮底贈答競爭的風習，即部族中的有力者（類似貴族層），經常設宴誇示自己的威力，向部族中某方對手挑戰。而對手接受挑戰是一種義務，赴宴以後，繼之就必須以同等或以上的饗宴回敬挑戰者。由於相互贈答的競爭，最終使一方破產，破產者便接受「贈與」的一個虛榮的名譽。但他們深信接受此一榮譽以後，家族所擁有貴重物品飾物、毛布、護符等，都會產生更有威力的咒力。

按上述的一段事例，在自然民族社會中，對某些事物的贈與以及交換，並不單指買賣是一種經濟的效用與價值，有時也藉交換與贈與的手段，作為獲得神聖的榮譽或權力。Mauss 氏稱之為「榮譽的貨幣」。

在原始社會中，由於吝惜常會被族人輕蔑，為了取得社會的名聲或盛譽，故此產生了上述贈答競爭的慣習。不特是 Haida 族，即北美西北部的印第安、Polynesia 及 Melanesia 諸島都有相似的慣習。根據 Malinowski, B.K. 氏

的田野報告，甚至 kura 交易，也可以視之爲儀禮贈答慣習的一種形態。

3. 婚姻與婚資的形態

所謂婚姻，也可以包括在廣泛交換概念之中。統略而言，婚姻一詞，並不限於一對一男女結合的意義，毋寧是指男女所屬家族以及親族集團的一種社會的結合，或負有社會再生的dynamic的機能。因是，在婚姻的同意中，不是只指當事者男女雙方，它同時也是必須滿足所屬集團的需求。

基於此一婚姻成立的條件，在世界的諸種社會中，最普遍而常見者，就是所謂婚資（ bride–wealth ）的贈與。一般社會多爲嫁入婚姻，婚資是由婿方開支給嫁方，此一慣習，日本稱爲結納。反之，由嫁方開支給婿方，稱爲妝奩（ dowry ）。它開支的內容，依各種社會不同而異。

根據 Westermarck, E.A. 氏的報告，婚資尚有大婚資及婚資勞動（ bride–service ）兩種。狩獵探集民，多爲道具或裝身具，如爲農耕民的社會，婚資則多爲家畜、酒、食物及裝身具等，同時還有婚資勞動的支付。

同樣地在非洲，飼養家畜的東非農民，他們的婚資乃以牛、羊爲主，他們飼養家畜並非利用它爲農耕，而視牛羊爲擁有財富的手段。而此等家畜之能利用於社會者，也只用於婚資而已。在西非的苦干原始社會中，它的婚資勞動的形態，是夫家的姊妹給妻家的兄弟的兄弟，是謂姊妹交換婚（ sister exchange marriage ）。

在上述的婚姻形態中，在社會中會成爲「互酬」的觀念。此一婚姻成立的條件，雙方常有婚資的談判。既往婚資曾用 " bride–price " 一字，其後 Dalton 氏認爲婚姻並非基於價格來談判，因此以 wealth 一字來代替 price。可

是，在某些社會中，確有以商品經濟的意義的婚姻，所謂購買婚（ purchase marriage ）者，但Gray, R.F.氏認爲除非用貨幣來交易，否則若以牛羊爲婚資者，則不得視之爲購買婚。

然而，在今日的各種社會中，婚資有以實物來開支，也有以貨幣開支的種種變化，已顯示婚姻在社會的交換複雜性。

參考文獻：

- 石川栄吉ほか，『人類学概說』，日本評論新社，1958。
- 中根千枝ほか編，『人間の社会[Ⅱ]—現代文化人類學4』，中山書店，1960。
- 栗本愼一郎，『経済人類学の意義と貨幣論の再構成』，天理大学学報，第87輯。
- 杉浦健一，『人類学』，同文館，1952。
- 杉浦健一，『原始経済の研究』，彰考書院，1948。
- 増田義郎，『伝統的社会の構成とその近代的学容」，玉野井芳郎編『文明としての経濟』所收，潮出版社，1973。
- サーリンズ,M.D.（青木保訳），『部族民』，鹿島出版会，1972。
- ボランニー，K.（吉沢英成ほが訳，『大転換—市場社会の形成と崩壞—』，東洋經濟新社，1975。
- ボランニー，K.（玉野井芳郎ほが訳』，『経済と文明史』，日本經濟新聞社，1975。
- ボランニー，K.（端信行ほが訳），『經濟と文明』サイマル出版会，1975。

- マリノフスキー，B.K.（増田義郎ほが訳「西太平洋の遠洋航海者」，泉靖一編『世界の名著』，第59卷所收，中央公論社，1967。
- モニス，M.（有地亨ほか訳）『社会學と人類学 I 』，弘文堂，1973。
- Banton,M.（ ed. ）, The Relevance of Models for Social Anthropology, Tavistock Pub.,1965.
- Dalton,G., Economic Anthgropology and Development, Basic Books, 1971.
- Firth, R.W. （ ed ）, Themes in Economic Anthropology, Tavistock Pub.,1967
- Fortes,M.(ed.),Marriage in Tribal Societies, Cambridge University Press, 1962.
- Herskovits, M.J., Economic Anthropology. North Library, 1940.
- Leclair, E.E.（ ed ）,Economic Anthropology, Holt, Rinehart & Winston, 1968.
- A Committee of the Royal Anthropological Institution of Great Britain and Ireland.(ed.), Notes and Queries on Anthropolgy（ 6th ed. ）Routledge & Kegan Paul, 1951.

新幾內亞巴布亞的舟飾—舟飾價值不在於實用，而在於手藝的象徵，具有藝術性獨木
舟木工雕刻與裝飾，是巴布亞傳統的文化遺產，也是神靈棲息的處所。（May, 1962）

13.婚姻制度

1. 婚姻制度的分析

正如讀者所週知，人類更新其世代，絕非由於亂交。爲維持「種」的生命以及社會的存續，人類的性行爲是必依循一個秩序的規制，以及創造養育兒女的家庭環境。如是人類則有婚姻和家族，一方面依循自然存在來維持「種」，另一方面則將文化的創意，藉以世代相傳。

然而，只以性關係規制來確立一個家庭單位，是不足以維繫一個社會的存續的。即社會的地位，諸如財產權的承繼、或日常的權利義務等等，這些諸種規制的體系，都是需要同時確立的。而且，社會與社會之間的競爭或衝突，規制的方法也是必需同時加以考慮的。如是諸條件的差異，都是依照社會結構與婚姻、家族的性格，以及家庭的架構而決定的。我們有時對於一個自然民族的奇特婚姻制度和家族形態會感到非常怪異，可是，若就它的諸種條件複合體的一部分來觀察，才能發現它的原因和合理性。

反之，我們對於原始社會的婚姻制度所感到的「不合理性」，有時在我們文明社會中，也可以發現同樣的不合理性。例如現代的許多先進國，配偶者對於「性的獨佔」非常強調與重視。配偶者對於性行爲的不能滿足，或者因爲不忠貞，都是離婚最大的理由。與此有關的，即在先進諸國中，所謂「嫡出」與「庶出」的概念，在文化上頗有明確的區別。

「所謂婚姻，他們所生的子女，乃認是兩當事者嫡出的子孫底男女間的結合」，是爲有力的婚姻定義。可是，這種子女的嫡出性，他們在出生前，父母必先要獲得合法的婚姻。但也有某些原始社會，以妊娠爲結婚的前提條件，女方是必爲男方生下若干子女，而後才認爲男女婚姻的完成。例如日本西南諸島的奄美與沖繩，女方必須生育第一個子女以後，才舉行正式的婚禮。又如東非的父系社會，如果生下的孩子，一旦不能成爲夫方家族的一個成員，則女方的父親，便可以爲孩子命名，而且對小孩有監督與保

護之權。類似上述的諸種婚姻，它所能成立的男女合法性，乃與交際、婚禮、性生活、同居、生育、以及婚姻聘金等，即依照社會所規定的順序，通過每一項的連續過程，來理解婚姻的各種制度。

西印度諸島中的渣米卡族，許多男女，只有雙方合意，不必經由婚禮便可以同居。由於生下來的女子，他們與社會及經濟完全斷絕。結果，遂形成了所謂「母親中心家族」（matrifocal family）。據統計，類似此等「未婚」的母親，幾乎佔有母親人數百分之七十。在這種情況下，生下來的子女，是否可以稱爲「兩當事者的嫡出子孫」，確實成爲一個疑問。

一般而言，由於性交的事實，對於女方與產兒的權利，完全歸屬於男方的條件是不足以成定論的。在人類學上極端的有名事例，就是在南部蘇丹的奴亞族的亡靈結婚（ghost marriage）的例子了。大凡奴亞族的婚姻，夫方必須以家畜付給妻方，如果丈夫去世，夫方的家畜則由其弟代償，其兄所生子女，同時也過繼給他的弟弟。按此情形，女的配偶者，不論是亡兄抑或他的弟弟，他們對於婚姻的定義中之所謂「嫡出性」，確實是一個微妙的問題。

婚姻的形態，大致可以分做兩大類型。以基本型的單婚以至一夫一妻制（monogamy）與複婚（polygam），後者又可分爲一夫多妻制（polygamy）與一妻多夫制（polyandry）。此一用語的實際含義，婚姻的安定性與同居者構成底諸條件，乃依社會的不同而異。例如以終生爲伴侶，而禁止離婚的一夫一妻制，以及頻繁變換的配偶者，它與 Morgan, L.H. 氏所稱近乎一夫一妻制的對偶婚，明顯地可以看到制度是非常差異的。

從同居者構成的一夫多妻制的角度來看，可以分爲下列三種形態：

(1)在同一的屋頂下同居；

(2)在非洲，妻子們各自和她的子女，分住在個別的園地家屋（compound）；

(3)妻子們分住在其他的村落。

　　許多部族因爲經常鬥爭，男子數量激減，除了一些兒女被殺外，部族中男女比率大致都頗爲均衡。男子初婚年齡平均三十歲，女子平均年齡爲十四歲。結果，許多部族，都存在一夫多妻的社會制度。妻子們相互間的相對底地位，也具有重要的變數。即第一任妻和第二任妻子之間，在社會上都顯示明確的差別。譬如傳統的中國社會，有些學者認爲它不特不能稱爲一夫多妻制，實則爲「一夫一妻制」再加「蓄妻制」，像這樣的看法，未嘗不是另一個合理的見解。

　　一夫多妻制與其他婚姻形態迴異的另一個重要特徵，便是「生物學上之父」（geniter）的認知，是頗爲困難的。根據既往有關一妻多夫制的報告事例中，在南美印第安某些部族的社會中，兄弟共有的一個妻子，生下來的女子，只有認長兄爲其親父。又如南印度的特打族，兄弟共有一妻，若干年輪一次「獻弓祭」的儀式時，產下來的兒子就認爲誰受弓者就是他的父親。

　　在許多一妻多夫制的報告中，實際上，複數的男子對於一人的妻子，並非具有同等的權利和義務。結婚原是由一男一女來結合，而是在結合後，丈夫可以允許妻子和其他男人有性的接近而已。例如東非有些部族由於討一個妻子要付出相當高額的聘禮，因是有兄弟聯合起來投資，共同討一個妻子，共同投資者的兄弟當可與新娘同衾，乃自不待言。在此一關係中，妊娠所得的兒子，則認長兄爲父。在此等的事例，最近若干學者認爲它不可以稱爲一妻多夫制，而倡導以另一個「複數性關係」（polykoity）的名詞作爲區別。

2. 依居住規制的婚姻形態

在人類學中，也有以新婚夫妻依居住制，作為婚姻形態的分類。基本的分類有下列四種：

(1)夫方居住（patrilocal residence）；

(2)妻方居住（matrilocal residence）；

(3)婆家居住（avunculocal residence）（丈夫的母親家或舅家）；

(4)新規居住（neolocal）（遠離夫妻近親的居住）。

此等居住的規制，它是與地域社會的人口形成的集團有重大關連，如果把它和地域社會的後嗣（descent）觀念形態一起來探討，則比較容易了解。居住規制的婚姻，在原始社會中是一件很重要的事。居住地方的方式不同，對家族制度及親族組織都有相當的影響，但最重要的還是世系的計算。

行母系制的常行「妻方居住」，即夫住在妻家，只有少數行「夫方居住」，即妻住在夫家。行父系制的必是夫方居住，沒有行妻方居住的。此外，有一種舅居制（avunculocal residence），即男孩子生下來在父家，當他成年時搬到舅父家居住，在那裡結婚生子，度過他的一生。又有雙居制（bilocal），是指兩夫婦可以選擇從父居或從母居。再有新居制（neolocal），是新婚夫婦離開雙方家庭而另營居處。還有一種稱原居制（doulocal），是指新婚夫婦並不住在一起，而是各自和他們的原有家族居住。

北美西南部印第安的Hopi與Zuni族都行妻方居住制，其世系是依母方的，家屋是家中女人的財產，即屬於祖母、母親以及已出嫁的女兒等，丈夫不過是一個合法的寄宿者。家中的「戶長」不是丈夫而是妻子的兄弟。丈夫的首領地位不在妻的家，而在姊妹的家，在這裡方有他個人的所有物。有一個要點應當注意的，就是在這種世系及居住都依女方的家族中，家族的首領還不是妻而是妻的兄弟。兒童們成年後在舅父家生長，而不在父親手下生長。

3. 內婚與外婚

在人類的社會中，求偶是有限制和一定範圍的。這種限制和範圍，每一個民族都有其制度，它是婚姻制度中最重要的一環。Melennan, F.氏對規定擇偶只限於團體之內者，稱其爲內婚制（endogamy）；對個人的配偶須向團體外尋覓的，稱爲外婚制（exogamy）。此之所謂團體，乃指家族、氏族等血緣團體，或指部落階級等非血緣團體。

內婚制最重要的是階級的內婚制（endogamy of class）。在封建社會中，爲了保持階級的安定，多採內婚制，禁制上下階級互相通婚。印度的 Caste 人即其一例。馬達加斯加的 Hovas 人原是由馬來群島移去的，自居爲貴族，行嚴格的內婚制。玻里尼西亞不論貴族與平民，也各行內婚制。

婚姻是規範兩性間的關係，因此構成了倫理與風習。婚姻基本形態的出現，並不限於人類，亦見於其他動物，一些鳥獸以永不離棄的一夫一妻來生育後代。在人類各部族中，沒有婚姻制度的社會，雖是少見，但非洲西南部Lubus族裡，擇偶仍屬自由而且亂交。婚姻觀念在人類文化中，它是不斷的在改變，而且也是最難定型的一種規範。圖爲馬來西亞Mah-Meri族舉行隆重婚禮。

種族的內婚制也很常見，印度孟加拉的 Oraaon，以及阿散姆（Assam）的 Padam 族，他們嚴禁和外族結婚。

外婚制行於血緣團體最爲普遍。族人違反這種禁例的稱亂倫（incest），將會被處重刑或死刑。在狹窄的家族範圍內，性的關係普遍地被禁。

上述是範圍最狹窄的血緣團體，至如較大的血緣團體則只有選擇其中一部分，即所謂「選擇的親屬」（selected kin），加以外婚的約束。大多數民族都分爲兩個或兩個以上比家族更大的團體，此等團體稱氏族（clan or sib）及半部族（moieties），它常是一面的，即其承繼是只計父母兩人中的一方。外婚制便是這種團體的特徵。氏族的行外婚制是很普遍的。

半部族是大於氏族而小於部落的團體，一個部落有分爲二個半部族的，每一個半部族又包含幾個氏族，半部族也是行外婚的。例如甲半部族的男應取乙半部族的女爲妻，乙半部族的男也娶甲半部族的女人。在同一半部族中的氏族不可通婚，生下的小孩如該半部族是行母系的，便歸母方，父系的歸父方。

上述行外婚制的「選擇的親屬」的團體，其所根據的連結帶大都爲共同祖先的信仰，實際上，血緣關係已很渺遠，只是對於名稱的神秘性還被注意。例如北美的印第安 Iroquais 族的人同屬狼族者，不得自相結婚，即使男女二人各屬於很遠的部落也不得通融。

4. 婚姻與家族

新婚的夫妻，由於持有親情的存在，以及出生的兒子是屬於嫡出的認知等等，在上述的意味上，結婚實爲家族底法的基礎。可是，另一方面，也有不經結婚的形式，形成了家族的可能。因此，某些學者對前者稱爲「法的家族」

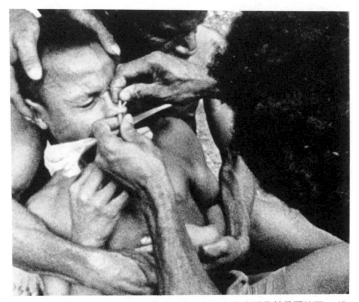

成年儀式普見於世界各地自然民族的社會中，它的主要意義是要使下一代了解對社會所負的責任，同時賦予婚嫁的資格。圖示新幾內亞以木棒穿鼻，考驗他的勇氣，也是成年儀式之一種。

，而對後者則稱之為「自然家族」（natural family）。

　　一般說來，婚姻一詞在某些場合，有時並不存在適用於家族的定義。例如Murdock,G.P.氏所主張的「核心家族」（nuclear family）學說，氏謂「家族是共住，經濟的協同，以及有生殖特徵的社會集團」。

　　在某些母系制社會中，夫婦並不同居在一起的例子很多。在西印度群島就有這樣的報告。因是婚姻是不可能適合於家族或作家庭上的定義。家族與婚姻，雖然是人類社會體系底世代的連續互有關連，但它對所有社會制度，共非完全可以適用在它的定義上。約言之，婚姻與家族，實際

是具有機能的密切相互關係。從而家族構成的諸種形態，與婚姻形態相對應時，基本上有三種類型：(1)核心家族；(2)複婚家族；(3)擴大家族（ extended family ）。

核心家族亦稱自然家族，人類普同的生物學上的家庭，包括父母及其子女。複婚家族是包含兩個或兩個以上的核心家族，透過男系或女系繼嗣關係而結合在一起，共同負擔社會和經濟的義務。擴大家族（合同家族）爲核心家族可以改建成各種不同形式的擴大家族。但也有因地方性格而演變成爲種種典型。

在原始社會的家族，較之文明社會更強調性別與工作的分擔。男子普遍負擔狩獵、戰鬥、建築、採伐、鍛冶、燒耕等工作。女子則爲採集、育兒、烹飪等工作。這樣家族內的分工成爲一種規制力。因此在原始社會中，結婚是社會的一種強制，獨身的觀念幾乎是不存在的。成年男女須由結婚始能獲得社會和經濟的獨立性。

參考文獻：

● 村武精一，『家族の社會人類學』，弘文堂，1973。

● 中根千枝，『家族の構造』，東京大學出版會，1970。

● レヴイニストロース，C.「家族」，祖父江孝男編，『文化人類學リノデイングス』所收，誠信書房，1968。

● ホノマンズ，G.C.,シユナイダーM.「交叉イトコ婚と系譜」『同上』所收，誠信書房，1968。

● リーンハート，G.（增田義郎，長島信弘訳）『社會人類學』第五章，岩波書店，1967。

新幾內亞高地的Kaku-Kaku族在婚禮前，婚約者由親友們給他化粧。

14. 親族關係與圖騰制度

1. 親族的定義

　　所謂親族，乃基於出生或婚姻系譜的紐帶，以迄由擬制親族（fietive　kin）關係所結合人與人關係的總稱。大凡在未經產業化的社會中，所謂親族，它對行動的選擇、權利、義務的傳達，以及社會集團的形成，扮演著極其重要的角色。即使在產業化的社會中，家族與近親之間，仍不失其重要的意義。

　　因是，在社會人類學中，親族一項，實爲對人類社會探討的中心基礎。

2. 社會的血緣

　　基期於出生系譜的紐帶，通常以血緣關係來表現。但在社會人類學中，對「血緣」（cognatic）一詞，實際上並不視之爲生物學上的血緣，祇認它爲社會的一種關係。但在一般的情況下，例如日本，一般對生物的血緣與社會的血緣，就沒有明顯的區別。但也有對此兩者使用明確的社會觀念，例如在非洲的父系社會中，如果在婚約中的男子一旦死亡，女方可以與婚約者（死者）的近親男子發生性關係，但生下來的兒子仍認爲是死者的後代。在此情形，實父與兒子之間並沒有絲毫的生物血緣，而死者僅是兒子的社會的父親，而親子之間，兒子所承繼的，也只是一種法律的權利與義務而已。因是，在社會人類學中，則有生物學的父親（genitor）、社會學的父親（pater），及生物學的母親（genitrix）、社會學的母親（mater）等分析詞彙以資區別。

　　而且，由於出生的關連或者由於血的關連，這些意識，在各種社會中，並不相同。例如有部分的母系社會，父親在社會上，並不一定認爲父子之間有血緣上的關係。換言之，「血」的意識，是依各種社會不同而異。但由出生關

係而認爲社會的血緣者，類似此等的意義，根據民族誌的記載，臺灣原住民排灣族，便是一個例子。同時，由於出生的關係在概念上而不帶有血緣聯想的詞彙者，目前還沒有這種的專用名詞。故此，權宜上，才有上述血緣分析的用語。當我們使用生物的概念或社會的概念時，必須注意與自己社會的用法而不可混淆。

社會的血緣關係乃以祖先與個人結系或宗族（lineality）爲主，以及以個人爲焦點所形成的範圍大小的問題。換言之，所謂血緣，乃介於親子兩者關係（filiation）之間，其時它是否有限定於「父方」(patrilateral)抑爲「母方」(matrilateral)，亦即不分親的性別，只「擇一的」（utrolateral)或選擇「雙方」（ambilateral）。

3. 親族群體

人類普同的生物學上的家庭，包括父母及其親生子女或收養子女，這種形式的家庭稱核心家庭（nuclear family）、自然家庭（natural family）或基本家庭（primary family）。一個具體的核心家庭包括配偶雙方及其血親分子（consanguine element）。核心家庭的特色是不能長久，父母過世，出生的家庭就不存在。

核心家庭可以改建成擴大家庭（extended family）。一個擴大的配偶家庭可以因「多偶婚」增加新的沒有血緣關係的配偶而形成多偶的配偶家庭。但也可以因血親的加入而形成。例如因兄弟的加入而成「兄弟共妻制」(frateral polyandry)的配偶家庭，姐妹的加入而成「姐妹共夫制」（sororal polyandry）的配偶家庭。但這種擴大的配偶家庭，本質上仍是一種核心家庭。眞正的擴大家庭，實際上是一種最小型的氏族（clan），或地域性的世系群（local lineage）。

聯合家庭（joint family）是包括兩個或兩個以上的核心家庭，透過男系或女系繼嗣關係而結合在一起。即共住在一起，共同負擔經濟與社會方面的義務。

在從父居的聯合家庭中，男性子嗣於結婚後，繼續住在老家，即另建新房，也是靠在父親家屋的邊緣上。結果是群體不斷的擴張。在這種情形下，女人婚後需離開父親的家，住到夫家去。在母居制的社會，情形則反之，女人婚後仍留在母家，男人則隨妻居住。

世系群（lineage）亦稱宗族，它是指同一祖先，由單一的繼嗣系統（父系或母系）延綿下來的後嗣。在某種情況中，世系群只是氏族的一部分。所謂氏族，常常帶有神話色彩的祖先，而世系群常指追溯一個實際存在的共祖。當一個世系群過於龐大或擴展時，就會分裂爲若干個新宗族。

氏族(clan or sib)是家庭成員關係的擴大。氏族可以分爲母系制或母權制(matronymy or matriarchy)，與父系制或父權制(patronymy or patrarchy)。Maine, H.氏曾認爲人類社會最初的家族制度始於父權制，其觀點乃根據男人對妻子及奴隸有生殺之權。然而男一派的學者們，諸如 Morgan 及 Lubbock 諸氏，則認爲人類最原始的性關係是亂婚的，只知有母而不知有父，故其結果母系制必然係在先。

因是，一般學者認爲大凡父系制的民族，它的先前必行過母系制。通常在北美洲發達較高的部落中是行母系制的，至於父系制反行於低等的部落中，由此看來，母權未必是最原始民族的特徵。

關於世系與居住發生一種普遍見於許多地方性的風俗，乃爲岳婿翁媳的禁忌（parent-in-law taboo），這是一種迴避的形式，存在於某些社會中。即男子常與岳父母相避，或只能在某一範圍或限制內相接觸；妻子對於夫方的人也是一樣。例如新幾內亞的 Bukaua 人，在岳父前飲食須

圖騰基本上用以指一種信仰和習俗體系，表示遵守禁忌，以及對親族關係的
信仰——相信群體成員乃是某一圖騰祖先的後裔。至於甚麼是圖騰的基本
特徵，又在甚麼現象可適當地稱之做圖騰，則可因圖騰一詞用法之不同而異
。圖示加拿大原住民占向族圖騰柱。

遮面，澳洲土著也有此俗，岳母與女婿須互相迴避，兩方
間若偶然發生接觸，其影響甚至會使女兒與女婿離婚，或
者女婿被逐，或被處死刑。南非 Zulu 族看見岳母要用盾

遮面。美洲印地安 Navaho 族的婦女婚後雖靠近她的母親
居住，但丈夫卻不得與岳母交談，否則如果發生了任何變
故，一切都會歸罪於因爲他們觸犯了禁忌而後才發生不幸
的。

關於這種風俗，Freud, S. 氏認爲是由於「不當結婚的人
們間防止性交誘惑的一種慎慮」，但同性間何以也須避忌
，Freud氏認爲也是由於異性間避忌的擴張。精神分析學
中稱之爲「精神的衝突」（ ambivalence ），亦即愛與憎
的衝突。岳母對於女婿愛的方面很有性的誘惑，恨的方面
是因他原是別人奪去她的女兒。由於精神正反兩面的衝突
結果，遂產生了禁忌。

4. 圖騰制度

圖騰（ totem ）制度是社會，一種信仰和習俗體系，通
常存在於群體和某一類動植物之間的神秘或祭儀關係。一
般圖騰是表示禁忌，例如禁止傷害與其圖騰有關的動植物
，或對親屬關係的信仰，即亦深信群體成員乃是某一神秘
圖騰祖先的後裔。但依部族的不同，圖騰有時並不是絕對
和氏族組織聯在一起，很多有氏族組織的社會並沒有圖騰
。此之所謂圖騰制度，是指一個社會和特定的圖騰表記之
間的各種特殊關係。例如北美洲的印第安人，圖騰和氏族
的關係僅用於姓名，他們用熊、鷸、龜等做名字，除作姓
名之外，並不意味著其他關係。

一般學者均認 Haidas 族行圖騰制，而 Haida 人也是那
個圖騰動物的化身。他們在體軀上刺上那個動物的形象，
彫刻方面也都彫著他們所屬的圖騰標記，可是這些圖騰標
記卻又不能眞正取代氏族的名號。按 Murdock 氏的研究
報告，顯示出圖騰標記只是氏族的象徵而已，僅是在表現
自己對氏族的認同感，除此而外，別無其他更深的含義。

北美 Hobis 族印第安的圖騰又是另一種形式。氏族選用某種植動物作爲表記名號。如採蝴蝶爲名號，就不殺蝴蝶，採山狗爲名號者就不殺山狗。至於採白兔者，該白兔族只不殺白兔，但對蝴蝶和山狗兩者都殺。他們所採圖騰只是作爲氏族上的區別，此外並無其他含義。

東非巴干達族的圖騰制度較爲複雜。該族行外婚的父系氏族，每個氏族有其個人特用的名號，獨特的鼓聲，和兩個圖騰標誌。氏族名號有獅、豹、鼠等，氏族中絕不殺食圖騰標誌所代表的動植物。但也有一些部族並不認爲該圖騰是他們氏族的始祖，只是用它來代表氏族上的一個識別而已。氏族的祭祀儀式也不是直接祭祀圖騰，反而是奉祀歷代祖先與氏族有關的非圖騰性的超自然神祇。

澳洲北部沙漠地帶的 Arunta 族行父系大家庭制，他們佔有一定的土地領域，在領域內有幾處圖騰中心——聖地，他們深信神話中的祖先靈魂就是寄宿在這裡。圖騰中心係用特殊的石頭以及祖先留下來的聖物作爲標記，祖靈分爲兩股，一股永存在聖物中，另一股等待隨時投胎的機會。某一地區的族人，如果他相信他是來自某特定的圖騰中心，他就可以成爲該圖騰群中的一個成員。每一個圖騰群有一個首領，專爲掌理各種儀式。由於沙漠中食物資源缺少，故圖騰群中的族人，只好不得已很節儉地吃那些與圖騰中心有關的動物和植物。

圖騰制度除爲族人以之作爲氏族的識別外，多少是與神話和信仰有關。宗教儀式祭祀的複合體強化整個社會的團結，並且把社會與宇宙聯結起來，成爲一個整體。

綜觀上述，圖騰在原始社會，確實提供了一個基本的組織原則。圖騰乃是人與生物之間關係的一種特殊發展，它不特把人與人之間的關係組織起來，同時也把人與環境的關係組織起來。生物之被選作社會群體與氏族的表徵，是因爲它們表現了社會的價值觀。換言之，它們對該一社會的物質與精神福祉，實具有重要的影響。

藝術的本質有時是附屬的，有時是獨立的，它本身原是一種人爲的產物，但此人爲必須要
有自由而無羈絆，目的並非全爲滿足之生活直接之需，而是爲喚起一種氣氛和情緒。
圖示 Maori 族集會所門柱上的文身彫刻。

15.地域社會

1. 定義

地域社會亦稱社區（community），在社會學上有很多定義，在概念上，大致是指物理的位置關係（地域、場所）與一群人共有的一體感（共屬感情），包含著雙方的理解。人類學家則用以指一群相互依存的家族，在一個隊群（band）或聚落（encampment）或較大的聚落區，經營著共同的生活。一九一七年，美國社會學者 MacIver, R. M. 氏最初用之以作為社會類型上的協同社會，或結社體（association)的概念。community 一詞，日本多譯作「共同體」或「鄰近社會」，但綾部恆雄氏則認為譯作地域社會當最適切。可是，若以之作為社會類型的分類，即以之作為一種理念型來臆想的話，對於實體概念的社區概念予以理論化時，可能會產生許多問題。因為地域社會在概念上原本就具有多義性，沒有明確的解釋，Mackiba 氏解釋為：「地域社會並非人與人之間互有特定的關心，而是在共同生活中，互有著基本上的諸種條件，不論集團的大小，都可以稱其為地域社會。在具體上，例如開拓居留地、村落、部族，甚至都市和國家，均可稱它為地域社會。換言之，包括人類一切的生活，亦即人與其社會關係，就是地域社會的特色。

地域社會的概念雖然從上述的定義中出發，然而其後由於時代背景的變化，它自然地又隨之產生了多岐的意義。Hillery, G. H. 氏曾就各方學者對地域社會一詞的解析作過統計，在他統計結果上，認為所謂地域社會是由社會的相互作用（social interaction）、地域（area）、及共通的絆結（tie）三種基本要素所構成。此外，Harper, E. R.及 Dunham, A 諸氏，並認地域社會乃具有(1)物理的、地理的、領域的範圍與(2)社會、文化等特質，而且具有法的境界、自治、凝集性、共感等特色。Mur-dock,G.P.氏對地域社會的定義，則強調共住與面接關係（face–to–faceasso-ciation），並著眼於時空間的地域化以及密度較高的共同

生活。Lowie, R. H. 氏認爲大凡由於共屬意識所結合的親類（kindred）與鄰近者結合，而形成了自給自足的狹窄圈圈的社會，都可稱之爲地域社會。約言之，此外還有許多學者，認爲關於「地域社會論」的諸種問題，與其下了許多抽象概念的定義，不如專就地域性和共同性兩者間相互的關連，以及具體的內容來尋釋它實態的意義，也許更爲密切。

2. 地域社會的諸形態

所謂地域社會，也有以社會底發展階段所顯示的諸種形態作爲概念者。若要具體地明瞭一個「共同性」與「地域性」相伴所形成的地域社會形態，由於它具有高度而複雜的文明，研究起來是非常困難的。因是許多學者選擇了較單純的「隊群」形態的社會來做初步的研究。

主以狩獵、採集或游牧爲生計，並依季節在一定的地域內移動，由數家族結合而成的集團，通稱隊群。北美洲的印第安人，非洲沙漠的布希曼人，剛果腹地密林中的小侏儒人，菲律賓的小黑人，以及澳洲原住民諸族的社會形態，均屬於上述的隊群。但是狩獵採集民中，也有一些是定居形態的社會。例如從阿拉斯加以至加拿大的愛斯基摩人，加拿大太平洋岸的海達，以及北美洲大平原的印第安諸族，都是屬於定居的隊群。又如南美洲和東南亞的燒畑農耕民，在若干年要轉換土地一次，而形成爲半恆久性的地域社會。按上述的意味，漁撈民的地域社會的定著性也很強。開墾地中心所形成的「集落」通稱爲「村」，一般農耕民的地域社會，多爲「村」的一種形態。

另一方面，例如美國的農村，由於敎會、學校、郵局以及商店形成了地域中心，在廣泛的周圍散著農家，這種形態的地域社會，稱之曰「近鄰集團」。

地域社會在人類學家及社會學家的研究技術上不同，前者是企圖把一個地域社會如隊群、聚落的文化架構作敘述與分析；後者則僅就社會關係予以揭示。圖示定著性約300人的Puitan村落。
伊夫高村落，Puitan Village。採自Tage Ellinget Prof.

　　由於季節又可分為，「定住村落」與「移動隊群」兩種類型的地域社會。根據 Murdock 氏曾就二百四十一種不同類型社會的調查，隊群者佔三十九，沒有地域中心的近鄰社會佔十三，村落形態者佔一百八十九。地域社會的大小也是多樣的。不少的原始隊群只有二、三家族結合而成，這種小型的家族構成，也許是最小的隊群了。

　　根據 Goodenough, W. H. 氏對各種地域平均人口的調查結果，得知未開化地域社會大致是由十三人至一千人組成，隊群者為五十人，近鄰集團者為二百五十人，定著性村落為三百人。

　　地域社會規模的大小，主以糧食確保的條件爲基準，狩獵採集民平均爲五十人以下，畜牧農耕民平均爲四百五十人。迨至近年，在「現代地域社會論」中，由於地域開發以及社會開發等的戰略手段不得不加以考慮，故在理論上，已非往昔祇對地域社會以人口作爲基準那樣的概念了。

3. 現代的地域社會論

　　地域社會理論的研究同時著眼於地域的開發，實始於世界二次大戰以後的事。在研究地域社會的歷史中，對許多現實的社會問題原本就有很密切的關連，尤其在二次大戰後，由於因先進諸國經濟計劃的影響，在既有的研究中，對「社會開發（social　development）」一項概念，不得不同時加以考慮。最大的原因，就是目前在發展中的國家，它與「地域社會開發（community　development）」的關連，實負有重要的戰略性腳色。既往所謂「經濟開發」的名稱，現在已改用「社會開發」一詞來代替。換言之，經濟開發的最終目的，無非是爲提升社會福祉。根據一九五五年的國際聯盟資料，略謂「地域社會活動」的參予與主導性，原是爲提升社會福祉，及育成自主的態度，這種committe–organization 的組織方式，它的研究，也許要先從人類學入手。自此以後，地域社會開發方向，雖然以經濟爲最優先，但對「社會」同時亦不得不強調其重要性。

　　社會開發的一門學問，自二次大戰以後，遂成爲有力的社會哲學。最近的地域社會研究，由於上述的時代背景，不論其爲概念抑爲方法論，可以說它是以文化人類學、社會學、社會心理學及政治學等諸科學各自發展研究法，向著統合的體系化方向進行。

年齡組普遍見於一般原始社會的一種制度。在這一制度中，男女在
一定的年齡必須經由成年禮(rites of initiation)而進入成人地位
，隨即組成永久性的團體和結社，成人隨團體經由公認的更高階段
而上升，每一團體都有它特殊社會任務。圖為Bagobo族。

16. 結社與社緣集團

1. 人類集團形成原理

人類和單獨生活的動物不同，因為人類喜歡群居，同時具有高度的文化，在劃界制以及順位制的組成原理下，展開了極其複雜的社會現象。

人類集團的形成，換言之，即為社會生活中人與人之間的一種人際關係。此一人際關係，如果把它視作人類社會的原點來臆想時，也許大致可以分做三種關係：

(1)血緣關係

(2)地緣關係

(3)其他既非原理，又非地緣的血緣，另一「其他的」的關係。這裡所謂「其他的」第三關係，就是本節所闡述的「結社的集團」形成的原理。根據此一意義，也許可以稱其為「結社緣」──或簡稱為社緣關係。

第一項的血緣關係，乃建立在血親（consanguinity）的基礎上，諸如親子、兄弟姊妹等構成家族或親族的集團。由於此一關係的象徵化與擴大，包納了多數的成員，遂形成親族集團、氏族集團等。上述就是以母子關係為原點，以血的關聯的組織原理所形成的集團。

第二項的地緣關係，乃為未發達的隊群社會，但有領域意識的存在。由於隨著社會的進化，漸次具備著地緣的重要性，遂形成了所謂村落的共同體。更進一步則成為都市的共同體而產生了地域的組織。

2. 社緣集團

既往民俗學的研究，只重視上述「血緣」與「地緣」的兩種組織原理。研究的主要對象乃為「低陋文化」的社會，由於研究者自身所屬的社會較之上述的兩項原理遠為卓越，故第三項的社緣關係，反被忽略。然而第三項的組織

原理，如果它達到本格的成熟期時，是須要人類社會經過長期的進化過程，才能顯示出來的。因此，這個第三項的組織原理，在「低陋文化」的社會中，經常被視爲是血緣與地緣中一項從屬的關係或地位而被忽略，或把它放在次要的研究上來處理。

直至目前爲止，一般人類學者，對於現狀的研究，仍然以「血與土」的組織原理爲軸，而視社緣集團爲副次的，並以從屬的地位來處理，但在今日的社會中，人類可說是已經脫離了血緣和地緣生活，在各樣各式的結社關係上生存，當知社緣關係在今日社會的研究是多麼重要了。

3. 秘密結社

原始社會中常有自由結合的團體通稱結社（association）。結社的形式是以「秘密」爲目的的一種社會形態，它的作用有監視政治、宗教信仰、教育、經濟、調節性行爲等各任務，與文明社會中的秘密結社的目的頗有不同。在原始社會中的秘密結社（secret society），它之所以爲秘密，是因其拒絕會外的人，但結社的秘密性，亦非絕對的存在，有些結社，並不如字句上的秘密。

一般結社的分子，大多限於一性，有男性的結社和女性的結社，但大都以男性者爲多。此等結社通稱性的區分（sex dichotomy）或性的結社（sex association），此外也不是絕對無兼容兩性的。

結社在美拉尼西亞的土著社會中最爲盛行。例如政治上的酋長，常由結社的首領來兼任。他獲取此一權力，不是由世襲而來，而是由他對族人的貢獻而被推選出來的。故這些酋長，大都是長老，其政治也成爲長老政治。美拉尼西亞土著的結社，尙帶有宗教和教育兩者作用，新會員加入結社時要戴面具舉行假擬死而復生的儀式，教育方面則

成年禮的功能，除了為完成童年期至成年期的轉變外，還有一些是屬
於秘密結社的標幟的禮儀，與涉及一種假定的「神秘的神召」的禮儀。
每個族人都需經過這些儀禮的考驗，才能從童年進入社會的領域或家
務的領域。圖為Bagobo少婦在操作家務。

4. 年齡等級與割禮

在原始社會中，常有年齡階級（age-class）的年齡群（age-group）組織。在社會中基於年齡長幼反映其社會地位最為顯著，它常被稱為年齡組織，而且它與秘密結社有極密切的關連。

事實上，年齡組織是一種自我教育與公共服務制度。所謂教育，就是與生存在原始社會裡所必經的考驗和訓練制度，以成年禮（rites of initiation）為參加組織訓練生活的開始，表示進入成人地位，隨即組成永久性的團體，成人隨團體經由公認的更高層而上升，而且每一個團體都有它特殊的社會任務。

多數民族在成年禮中，有身體毀損的風俗，最普遍者為割禮（circumcision），男性在割禮中割去陽具的包皮，例如澳洲土著男性的割陽（sub-incision）行為，是象徵在男性社會中取得成年的地位。施行這種神秘的儀式是沒有使用麻藥，只是用鋒利的燧石作為割切工具。

在非洲的若干自然民族中尚有舉行割陰（clitoridectomy）的儀式，即割去女性陰核上一小片表皮的一種手術，由於割陰的儀式出血較割陽為多，故受術者常昏迷過去，這時女子的母親將女兒抱回家中休養，並餵以較營養的食物，諸如野蜂蜜等，要長期的休養，始能恢復健康。

割去部份的多少或深淺，常依施術者的情緒而定，舉行割禮的年齡，乃依各地風俗習慣不同而異。不論男女，大多是在青春發情期的前後，或在婚前，也有在嬰孩時期就舉行割禮的。

無疑地，割禮的儀式是恐怖的，尤其對於女性是極其痛苦的事。人類為什麼要舉行割禮，許多學者對它的解釋不同。有的說是象徵犧牲、承受痛苦的一種勇敢的表現，象徵生殖器神聖，性交歡樂前付出代價，警告不可亂交，及向神祇補償生命的價值等。

有各種求生技能的學習，諸如狩獵具製造等。此等結社事實上並無秘密可言，它之所以爲秘密者，只是因爲拒絕會外的人要求參與他的社會組織而已。

秘密結社的入會儀式（initiation），也許可以視爲結社的重點，新會員須神斷（ordeal），經過嚴格考驗，儀式繁縟而恐怖，它無非是一種心理作用，加強一般會員對領袖的順服力。入會後可以享受許多特權，包括結婚、支配私產、使用頭銜與參與仲裁之權。另一方面對社團的同仁應盡某些義務，那些義務甚至超過他對親屬及會外團體的忠誠。會員常分有等級，即最初由下級逐次昇至上級，每次昇級都須再舉行儀式，階級愈高儀式就愈繁。男性的結社，常和會所（men's house）連在一起，此等男人會所，常見於一般原始社會之中，它是禁忌女人進入，而專供男人食宿和舉行儀式之用。有些地區男人全體都住宿在那裡，有些只有獨身者。友愛與社會連結的原則，以及純粹由於虛構的血緣關係的稱呼，都是秘密結社的要素。此外尚有圖騰、禁忌、厭勝等，也常包括於結社之。

秘密結社並不特別盛行於原始社會，即使在文明社會也有類似結社的存在，巫覡結社與宗教結社等均爲其一例。

戒禮中除割禮外，也有在戒禮前後舉行身體毀飾，諸如紋身和缺齒等。

5. 階級組織

階級組織（hierarchy）是指涉及具有身份高低、尊卑、及貴賤之別的社會地位，在社會學中是指任何分等級的人群及其反映在權力與聲望的等差。因此，依照尊卑，其所享權利責任，就有很大差別。階級組織，在最低陋文化的原始社會雖不甚明顯，但在玻里尼西亞和非洲卻頗爲發達。

階級的發生常由戰爭、種族、財當、職業和宗教等所引起。俘虜成為奴隸，戰爭頻繁也會發生戰士階級，巫覡由於施術，常被尊社會高層人物，財富的擁有使社會產生貧富之差。由於職業的分工，發生階級的區別。

北美洲的印第安人以戰爭擊斃敵人，以及東南亞的獵頭民族以取得敵首，因而獲得社會上的榮譽或被推為酋長，但此等酋長並沒有政治上意義。好戰的民族如 Maori，也因為個人的功勛對族人的特殊貢獻而成為貴族。菲島的 Bagobo 殺過若干敵人，則可獲得穿著紅色衣飾的象徵，但戰士的地位是不能世襲的。

在原始社會中，男覡女巫是生來就能操縱巫法(sorcery)的人，智慧也特別高，而且具有巫術(magic)的特殊氣質，因而受到一般族人的尊敬。例如北美 Maidu 族的薩滿(shaman)，所謂神巫，在社會上就有很大的勢力，甚至酋長的實權都握在這些神巫的手上。尤其是秘密結社的首領，勢力不但壓倒酋長，而酋長地位的被選，是由神巫來宣佈神意，其廢黜也是如此。神巫能規定族人的儀式生活、判決爭訟、醫治疾病，也是族人神話的權威。

6. 文化人類學與結社

現在我們回頭再來按照整個人類史來觀察，在農耕牧畜社會中，由於分配領土和解決紛爭，以及團體努力拮抗關係等，結社是很自然的一種結果。不只原始社會如此，即今日的宗教，如基督教、猶太教以及回教等，這些宗教的始源，都是開始於結社。其次，再由多樣的職能、技能、藝能等集團的結合建立都市而產生了文明，由是人與人之間的結合，再而形成了強烈的社緣集團性格。

然而，結社的重要性，它能獲得決定性的重視還是在產業革命以後，其時社會編成並脫離農耕畜牧的階段，進入

所謂都市生活的樣式，擴及全世界。在這個過程中，雖然
人們在地球廣泛的地域上遷徙，但參加多樣性結社的人，
較之參加地緣性集團者，更能獲致生存的保障。換言之，
即「社緣原理」較之「血緣」與「地緣」要卓越得多。

　　因此，如果根據此一進化史的脈胳來探討，則既往文化
人類學一向祇重視血緣與地緣而忽略了社緣。我們對將來
人類文化的展望，對人類結合關係契機的三要素，以血緣
、地緣、及社緣作爲集團基礎的定義，也許較爲妥切。

　　此等結社──在社緣集團中，因它的性格、內容、構成
等，乃包含多樣的要素，故在結社的研究上，對於分類自
是一項龐大的課題。尤其對原始社會中的年齡集團、性集
團，入社儀式的有無、秘密結社等，都是最重要的檢討對
象。同時血緣與地緣的相互關係，今後需要更徹底的檢討
，這些結社以至社緣集團，也許都是在今日文化人類學的
研究中，最易爲人忽略的課題。

參考文獻：

- 綾部恆雄編「秘密結社」，『現代のエスプリ』，至文堂，
  1975。
- 綾部恆雄『アメリカの秘密結社』，中公新書，中央公論社
  ，1970。
- Lowie, R.H. , Social Organization, New York, 1948.
- Service, E.R., Primitive Social Organization, New York,
  1962.
- 米山俊直「集團の生態」，日本放送出版協會，1966。

17.文化人類學與語言

1. 人類的特色——言語的存在

人類和其他動物的不同，就是人類能直立步行，因此可以利用兩手並製造工具，同時還知道用火，由於此一結果使人類對生存的環境適應能力顯著的增高。

事實上，人類和其他動物比較，最具特色的是在人類大腦中具有運動性及知覺性兩種的語言中樞（speech center）。此種人類特有的語言中樞，除了人猿中的黑猩猩稍具萌芽的狀態外，在其他動物中是沒有語言傳達機構的。這裡的所謂「運動性」語言中樞，是指喉、唇、舌等動作所發出語言的功能，「知覺性」語言中樞，乃爲理解他人的言語機構。在醫學上，或有認爲語言中樞，其機能可能比上述的存在有更廣闊的範圍，因此名之曰「語言領域」，（speech–domain）這個名詞也許比中樞一詞更爲妥切。

2. 動物的鳴聲與人類語言的差異

若以人類的語言和動物的鳴聲比較，即人類的語言是聲音經過細微的分化，而沒再把它組合起來，並且在一定的文法法則結構下，使之成爲句子，故此可以把複雜的意義作自由的表現。亦即由於人類的語言是具有「象徵化的機能」或「象徵的作用」而與動物簡純的鳴聲迥異。

根據 Haldane, J. B. S. 的研究，黑猩猩（Chimpanzee）的語言中樞雖有萌芽的痕跡，他曾經敎牠們學習語言，可是牠們對最簡單的pa–pa，ma–ma，與cup等最簡單的三個字也無法發音。

最近 Gardner, B. 氏夫妻兩，曾就一隻雌性的小黑猩猩授習以手語，經四年的訓練，已能習得十三種的表現手法，甚至有時能夠把若干單元繫起來，傳達較複雜的資訊。例如：「門外有一隻大犬，也許會咬你」。

Gardner 氏的報告發表後，頗引起各方學者的注意。即

人類以外的動物，並非如既往的臆想，認爲全無表達象徵的能力，這的確是劃時代的發現，同時我們也證實靈長類的語言中樞確實有萌芽的跡象。然而我們不能不回顧生物進化的階段，人類與黑猩猩之間，「質」的差異還是有很大距離的。

根據 Drumond 氏的研究，人類雖然曾經有過一段無言的時代，那時的人類稱爲「無言人類」（ homo alaluo ）以別於現代的「眞人」（ homo-sapiens ）。可是在這裡所指的「無言」，只是指無狹義的語言，即無完備的口語，若爲廣義的不完備語言，事實上，則自有人類就有了。這也是在質的方面有別於其他動物的。

3. 人類語言的發生

大凡群棲的動物，多已有傳達訊息的方法。無疑地，人類在最遠古之時，至少也有一種類似一般動物的極原始的訊息傳遞。根據 Washington，B. 氏的說法，認爲人類是用喁唏噪叫，吶喊雜嚷等來作彼此間的意見溝通。例如爪哇原人，可以明顯地看到它語言中樞已相當發達。人類語言計有四種學說：其一爲 bow-bow 或 moo-noo theory，即模擬說或摹聲說（ imitation ），此說以人類語言是模擬各種動物的聲音而得，例如印第安人稱烏鴉做 kaw-kaw，一種夜啼鳥做 pono-pono，通稱此語（ onomatope ）。其二爲 pooh-pooh theory 或感嘆說，此說以語言係產生自感嘆聲，即在今日猶常見於原始民族；其三爲 yo-he-ho theory 或社會說，此說以爲人類因工作所發生的聲音，如例叱馬的諸種單語。其四爲 boot theory 的語根說，此說主張所有簡單語言都是由「語根」（ roots ）構成。試舉一個比喻，即語根猶如樹枝和石頭，兩者同是最原始的素材，由此兩素材發展成爲各種器皿。所謂語根也是一樣，即由若干基本語根構成了無數複雜的語詞。

4. 人類與文化

由於人類能言語，因此人類和動物之間，本質上的差異，就是只有人類才擁有「文化」。

在日文中，對文化的概念大致有兩方面。其一是「文化國家」、「文化的生活」、「文化人」等的例子。在概念上乃形容知性的高水準，頗近於「知性」、「教養」等意味。其二則為「日本文化」、「繩文文化」、「低陋文化」等，對廣泛的生活樣式（way of life）的總稱。

英文的 culture, 及德文的 kultür, 德文乃有強調上述第一項的意味，而英文則強調上述第二項的意味。尤其在社會學者的觀念中，大都是強調第二項的意義。

文化人類學者對文化一詞，大都基於第二項意義作解析，尤其是指「人類生活樣式」，由於此一概念，因是以記述動物生活樣式時的特色作為定義。有關文化概念的定義頗多，例如 Taylor, E. S. 氏所下的定義：「文化是知識、信仰、藝術、道德、法律、風習以一切成為社會一份子的能力和習慣等等的綜合體」。又如 Kluckhohn, C. 氏則謂：「文化是後天的、歷史的所形成，也是人類生活中。外在和內在生活樣式的設計。」(system of explicit and implicit designs for living)。這裡所謂外在的(implicit)當是一種動作或行為，而所謂內在，當指行為規範、價值觀念、倫理觀、思想、超自然觀等等。例如猿猴等動物，雖經訓練對於紅旗的標幟可能有某些記憶，可是對於紅旗的意味，在資訊的理論上則毫無理解。至於人類則不然，所有行動中，必定具有內在的價值觀與思想的一種體系(system)，然後使其行動獲致效果。關於這一點，就是人與動物之間「質」的方面根本上的差異。

人類學家 Hallowell, A.I. 氏對於類人猿的「後天學習的行動」稱它做「原文化」（proto-culture），藉以與人類的文化相區別。 Wallace, A. 氏對此一名詞更詳加註釋，

根據Haldane氏研究，認為黑猩猩的語言中樞雖有進化的痕跡，但對最簡單的音義，尚無發音的能力。但部份生物學家認為「文化」雖無「語言」也能存在，這是近年文化人類學家與生物學家觀點的不同，對文化定義的一項有趣的爭議。

認爲動物的「後天學習的行動」僅僅是一種動作的反應，
而人類的文化，卻是一種精神的、內在的、基層的作用，
尤其它是成立於具有象徵作用的語言條件上。

日本人類學家今西錦司氏認爲「文化」一詞乃具有「教
養」與「知性」的意義，因此他建議，化石人類的生活樣
式應稱proto-culture 或 pre-culture，類人猿的生活樣式
的文化稱 sub-culture 或 subhuman-culture，這樣的分
法，在一般理念上，也許是最爲適切了。

可是，近年有部份專門研究獼猴行爲的學者，他們從許
多研究結果中，認爲文化並不一定要有「語言」也可以存
在。無疑地，這是學者之間，對外的行動與內在的思想
的觀點不同，但語言是文化的最重要的要素則是無可置疑
的。

參考文獻：

- 伊谷純一郎，「靈長類の傳達機構」，『年報社会心理學』
  ，第十五號，勁草書房，1974。
- 千葉康則，『動物行動から人間行動へ』，培風館，1974。

18.文化化與生命儀禮

1. 文化化(enculturation)的定義與區分

大凡人的一生猶似一根竹竿，它的過程不是平平地連續下去，而是像竹節一樣，每一段生命有一段的完結性，由若干節串成他的一生，這就是所謂「人生的節」，每一個節都具備著某些條件而後才能「通過」，再跨入另一個節，如是由出生、成長、衰老以至於死亡。

此等每段的「節」是依照文化的進展作為人生區分的，而其文化，是依各民族與社會的不同而異。而且，不論任何社會，勢必有人生區分的文化的。即使是最簡單的區分，也有兒童和成人之分。幾乎所有的社會，都有兒童、青年、壯年、老年以至於死者等各階段的區分。依社會與民族風俗習慣不同，來區分個人人生的各階段，為了證明或紀念這些階段的「通過」，因此舉行各種儀式（通過儀禮）。故此，人的一生，也可說是「通過儀禮」所串成的。

通過儀禮的具體形式，雖依社會與民族之不同而有異，但它本質上的構造，在各種社會和民族之中，卻具有普遍的共通性。

人類自出生以至死亡，一生都在學習之中。通過儀禮是在表示各階段學習過程的整合手續。每個人的人生階段，也是依其個人的地位、價值觀念、以及行動的方法而有所區別。此等「文化習得」的過程，謂之「文化化」或「社會化」（ socialization ）。

2. 文化化的區分

「文化化」大致可以區分為三個階段。文化化的第一階段亦稱第一次文化化（ primary enculturation ）是指幼兒期，此一階段是形成日後他的生理的習慣與社會的習慣——人格（ personality ）的基礎。關於此一研究稱為「

在原始社會中，成年式是最重視而又有多樣性格的一項「通過儀禮」。成年式的意義，除爲象徵在再生的體驗中表現其本質外，其次就是對勇敢的試練，教訓下一代勇敢地面對生存，如何去建立一個理想的人生哲學。圖示柏布亞新幾內亞Kuka-KuKa族的兒童，接受一項通過儀禮的考驗，鼻子被一長用硬樹皮削成的木棒穿透著。左圖是一個社會的成員，鼻上穿著一副豬牙，象徵著他生存的能力和在社會上的地位與貢獻。

文化與人格」。

　　文化化的第二階段或稱第二次文化化（secondary enculturation），屬於思春期（青年期）。關於此一階段的文化化，較之前階段呈現定型化的樣式，其研究的中心問題則爲年齡集團（age group）、密秘結社（secret society）的構造與機能、集團的加入儀禮（initation rite）──成

年式、入社式以及婚姻習俗等。近年有所謂「教育人類學」（educational anthropology）就是研究上述問題而發展出的一門新學問。此一研究焦點，也有學者把它併入「近代學校教育」中一併研討。

文化化的第三階段，亦稱第三次文化化(tertiary enculturation)，爲成年後的學習，即成人爲配合他的社會和扮演某種角色的需要而繼續學習，它乃具有職業和差事領域的重要意義。第三次文化化的研究，其探討的圍範已擴及「產業社會的文化」，爲今日文化人類學中提了一項嶄新的問題。即對企業體與職場的「加入儀禮」等已受到注目。

3. 過儀禮的階段

通過儀禮(rites of passage)亦稱「生命儀禮」、「移行儀禮」或「推移儀禮」，它是 Gennep,A. 來，廣爲人類學所用的概念。即如前述，在人的一生中，自誕生、成人、結婚，以迄於死亡，形成了若干「節」，每一個節意味著每一個人在他所屬的集團內，在每一段時期中，由於身份的變化而被肯定地成爲一個新的角色或負起某種職責。爲此，在許多原始社會中，在人生通過每一個節的時候，爲了祈求平安是必須舉行儀禮的。

通過儀禮可區分爲「分離的儀禮」（rites de separation）、「過渡的儀禮」(rites de marge)及「統合的儀禮」(rites de dágrégation）。分離的儀禮是以某種行動象徵離別，例如遠出旅行，或離開了部落到別處搭造一間小屋獨居等，澳州土著的成年式，則以器泣來象徵分離。過渡儀禮則以抖動他的身體作爲過渡的象徵，或男著女裝，或女著男裝，然後由祭司施術以象徵其價值的轉換。第二階段的統合儀禮乃爲施行割禮並授以種族神話的教育。

4. 過儀禮的事例

通過儀禮固然是依照民族多種樣相之不同而有異，同時也因時代與職責、身份階級顯示出更大的差異。此等人生儀禮頗爲複雜，內容有下列五項：

a. 生慶祝

嬰兒的出生不單指生理的存在，同時也需要家族或族人共同體的認知而存在。分娩時嬰兒落地意味著「人間」或「生者」地位的移行，與編入家族行列中的一個成員。在傳統的泰族中，嬰兒出生三天之內叫他做「phi」，「phi」是「精靈之子」之意。迨至三天之後，長老的「魂」（khwan）才開始進入嬰兒的軀體內，這時的儀式是巫師用聖絲把嬰兒的頭手綑起來，表示靈魂已固定在軀殼內。這意味著出生是個人先從精靈的世界出來，而後再移行入生者的世界。

類似上述的誕生儀禮，依社會不同而有很大差別。在印度某些種族是不舉行誕生儀禮的，除非嬰兒生病或遭遇危險才舉行。在原始社會中，名字是爲體現嬰兒的人格或賦予嬰兒「新的力量」而取名字的，因此有命名儀式或命名的慶祝。蘇門答臘某些土著，嬰兒出生後四至八天才舉行命名儀式，男嬰取自母親的兄弟，女嬰則取自父親姊妹的名字，是謂「孔親」名。

b. 幼年期與少年期的儀禮

從幼年經少年期以迄成年式的時期，在許多原始社會中，都意味著戲劇性的變化。在泰族中，出生後一個月的嬰兒，要把他的頭髮剃光。但對於病弱的嬰兒，則在頭頂留一撮髻狀的頭髮，作爲驅逐惡靈，或防範其他惡靈附在嬰兒體內。

c. 成年式

成年式是一般原始社會最重視而又有多樣性格的一種通過儀禮。成年式大致可以分為「成熟慶祝」（puberty）與「入社儀式（initation）。前者是以個人為中心、屬於家族公開舉行的儀式，後者則為青年組、秘密結社以及男子結社等集團而非公開的入社式。因是，入社儀式是伴隨著個人成長的階段，有在側面或同時加入特定社會集團的性格。一般男子的成年式係以集團方式舉行，女子的「成女式」則以個人的或家族的形態來舉行。

入社式的社團，又可區別為少年入會的「年齡集團」及成人入會的「秘密結社」兩種。前者的儀禮較之後者的儀禮起源較早。澳洲以及非茲群島的島民，在他們最遠的古文化階段中，許多學者認為已有年齡集團入會式的存在。

成年式的意義，其一是認為人生脫出了「自然」而進入完全屬於「人間」的境界，或為象徵死與復活，或是在再生的體驗中表現其本質；其二是象徵死與復活的試練，而且它是創自神話中的祖先，並教訓後代如何建立一個理想的社會，並啟示「神聖的世界」哲學與世界觀。非洲的馬賽族有圍獵獅子的試練，北美第安有被Kagina神鞭打等儀式，在非洲諸族中，成年式常與割體同時舉行。根據人類學者就世界一百五十種文化中，其中有七十種文化中的少女在初潮時，都要接受割體的習俗。

d. 結婚儀式

結婚儀式是個人與配偶共同對社會獲得嶄新身份的一項宣言。在女性方面，由於婚後身份的變化，乃以髮型及衣飾作為區別。

e. 葬禮與年忌

東非以及美拉尼西亞諸族，認為人是從精靈出生，經過誕生慶祝與命名式之後，便成為人間世界的一員，及至死

亡則再由人間世界復歸精靈世界。故此葬禮在社會的通過
儀禮中尤其隆重。葬禮的形式依文化的不同，其內容及形
式頗有差異。葬禮中分離儀禮的色彩是非常強烈的。而葬
禮在通過儀禮中所具的意義，卻是讓死者的世界承認死者
可以合法地進入它的世界。因此葬禮都有一定的手續，一
方面給死者辦理死亡世界的入境，同時在葬儀舉行時還爲
死者追福。

5. 通過儀禮的意義與理論

通過儀禮是從一個狀態移行至另一個狀態，或從一個世
界移行至另一個世界的儀禮，換言之，亦即人生儀禮的意
義，是公開表示其在社會中獲得嶄新的地位和職責。例如
入社式，則附帶具有痛苦試練的教化方式,把成年的心深刻
地烙印在青年人的心裡。關於這種痛苦的儀禮，Chapple,
E.D. 及 Coen, C. S. 二氏稱之曰「強化儀禮」，此一強化
儀禮在本質上是對受禮者導入「危機的概念」。例如集團
生活由於季節的變化，必須克服所遭遇的危機，而舉行年
中行事。或名爲保障個人平安而舉行的各種通過儀禮。

Titiev, V. 氏曾就上述分爲「曆法儀禮」及「危機儀禮
」兩種，他的學說也許可說是與 Chapple 氏的「強化儀禮
」與「通過儀禮」相對應。按 Eliade, M. 氏的學說，他則
認爲人類由於儀禮的通過，通過最初自然的存在而後才能
接近理想的宗教人間。Gluckman,M. 氏謂通過儀禮且有因
個人身份的變化而伴隨的社會關係，它實具有避免社會紛
爭與獲致和諧的功能。

目前許多原始社會，由於外來文化的衝擊、近代化、世
俗化以及合理化的過程等等，已使之具有深遠歷史意義的
儀禮抹煞無遺。今日文明社會的諸種儀禮，已經沒有那種
一貫的體系，甚至對社會意義也並不很強烈。雖然在現代

成年禮有集體性的儀禮，其功能在完成童年期至成年期的轉變，其次是進入秘密結社的
標幟儀禮，再其次是涉及一種假定的「神秘的神召」。
圖示所羅門島（Solomon Is.）舉行上述第一項的成年儀式，少年們必須從高架上躍入海
中，作通過的嚴格考驗。

鬼魂在夢中出現,因此產生了對祖先的崇拜,這種慣例無形中,將家族緊固的結合起來,最終則成為社會的結構,故祖先的祭祀,是相當適合於社會的權威持續性和體制。圖示柏布亞於所表現人類對祖先超渡的最原始方式。

儀禮中，還有什麼入學式、畢業典禮、慶祝生日和婚禮等等行爲的存續。可是，這些通過儀禮對現代的意義，與其說是人間成長的過程所作用的內容，母寧說它只是儀禮的一種象徵而已。

參考文獻：

- エリア—デ，M.著，風間敏夫譯，『聖と俗』，法政大学出版局，1969。
- 大林太良編，「儀禮」，『現代のエスプリ』，至文堂，1972。
- フアン・ヘネップ,A.著，綾部恆雄·綾部裕子譯，『通過儀禮』，弘文堂，1977。

19.教養‧精神分析學與文化

1. 緒言

　　人類的成長，要比其他動物出生時的成熟度爲低。即使最下等的微生物如 ameba，當單細胞分裂後的瞬間，就立刻會產生和個體同樣的生活能力。靈長類中的日本彌猴，生後二十天就會步行，雌猴約四歲便有生育的可能，雄猴四歲半則達成熟，大致四歲就可以獨立生活。這些日本彌猴還有育兒的行爲，期間很短。

　　至於人類，自嬰兒出生，必須由成人照料溫飽，直至成長能夠適應其固有文化的生活，其養育期需要十至二十年。

　　人類育兒的行爲除維護未成熟嬰兒的生命外，就是怎樣使兒童成長，將來能適應其社會的生活樣式，是爲教養。

　　在一般動物的育兒行爲中，例如母鳥的飼餵小鳥，哺乳類的授乳，這些行爲普遍存在於動物天性之中，可是，在人類而言，其行爲尚依各種不同文化的社會而有各種不同的教養，這種人類獨特的教養行爲，是在人類以外的動物行爲中所沒有的。

　　在人類的「育兒」與「教養」兩種行爲中，其行動並非相反的，只是在意味上重複。人類在授乳的方法中，也有很大的文化差。母乳並非僅僅是一種食物，而且包含授乳者的情緒，何時餵乳等等的各種訊息。又如嬰孩的排泄、保護兒童，以及在兒童哭鬧時，如何去應付和處理等，這在成人的處理態度，其行動是依各種不同社會的行動樣式及價值觀的不同而異的。

2. 歐美對人類觀念的改變

　　在文化人類學的歷史中，對於育兒和教養的問題，直至 Boas,F. 氏以來，才著眼其重要性而開始研究。Boas 氏在一九二三年間，曾就各種相異文化中的各種養育方法及其

成長過程，做了很多的研究。他的弟子 Bunzel, R. 氏曾就北美印第安的土著成長，在他們社會中所擔任的角色，做了很多的調查。又如 Mead, M. 氏在南太平洋薩摩亞群島（Samoa），對土著族女的思春期，做了不少的研究。其時，他們發現了兩種的問題意識。其一的課題，就是今日文明社會的文明人，他們的感傷和厭世感情等的思春期煩腦，是否在西歐文化中屬於一種特定文化的固有現象？其二的課題，就是這種厭世感情的體驗，是否止是表示西歐人，由於幼年期受到環境急激的變化，以至造成了心理的與生理的各自發展，而成為單弱兒的結果。

此等現象，是否產生於人類普遍的心理與生理的發達過程中？關於上述的兩課題，根據 Mead 氏的調查結論，認為薩摩亞族女在心理與生理上，在思春期並沒有甚麼危險期或苦惱期。其原因是因為她們從幼兒期進入成人期，其移行是非常緩慢而平衡的，同時也發現了這些問題，實與薩摩亞社會結構、價值觀、育兒與教養有著密切關連。可是，有些地區，由於受到基督教滲入，而使傳統的思春期生活受到了影響。

歐美在一九三〇年當年，對於男女的分工是基於生物學的差異。關於這個因男女性別而分工的問題，近年有些學者對它的公當性曾加以檢驗。最先，他們先比較各種異文化（各種不同的文化），因此注意到，各種社會中所有的男性和女性，它們在職業上的內容，確實受到各文化關連的影響。

關於上述的課題，Mead 氏在一九三一年曾就新幾內亞三個族群做了一個耗時長達一年多的田野調查，在他一篇「三個原始社會裡的性與性格」（Sex and Temperament in Three Primitive Societies, 1935）的報告中，就論及男女分派的工作及其性格的差異，是否決定先天的生物學的要因？抑為決定於各種不同文化的樣相？可是到一九七〇年代，今日我們對於各社會中男女工作的分工，在一般

常識上，則認為在各社會的男女成員，他們分派的工作，實因「個人的差別」有以致之。因是，在 Mead 氏的研究中，他對男女所派工作的概念，以及他對男女性格的概念，兩者混淆不清，頗受一些學者的批評。

關於育兒與教育的問題，除 Mead 氏外，尚有不少學者對這個課題雖然也做過許多研究，祇是在方法上，都有很多缺點。建立一項「對人類生活樣式以及人間性更精闢的理論」，正是今日文化人類學者所追求一個問題意識的新指標。

3. 精神分析學與文化

精神分析學之父佛洛依德氏，曾就「伊底帕斯情結」（Oedipus Complex）的概念，予患者診斷與治療，發見有意外的功效，他認為此一概念，實為人類與生俱來的一項

根據Mead 氏的調查，認為在原始社會成長的少女，思春期在生理和心理上，並不像在文明社會中成長的少女，經常會產生危險期和苦惱期，原因是一般原始社會的少女，從幼兒期進入成年的移行速度是緩慢而平衡的，不似文明社會的那樣激烈動盪和變化。因而發現一個社會結構、價值觀、與教養之間，互相實有密切的關連。圖示薩摩亞少女她們是沒有感傷和思春期煩惱。

本能。但英國人類學者 Malinowski, B. K. 氏也曾就南太平洋島嶼母氏社會的島民做了一項調查，島民對姊妹所出的兒女保持著權威，對兄弟所出的兒女則非常輕視，因此這些受輕視的兒童長大成人後，對母方的祖父常產生強烈的反感，甚至對自己的父親也產生敵意。由於上述的發現，有不少學者，認為若以南太平洋島嶼的社會為例，則佛洛依德氏所倡導的「伊底帕斯情結」的理論，就不適用了。關於這個問題，一九二〇年和精神分析學者 Jonos, E. 氏發生過一場激烈的爭論，在學術上是非常有名的事件，可是佛洛依德氏對幼兒期形成的「伊底帕斯情結」的概念，Malinowski 氏對於這一項南太平洋島嶼的兒童，在各時期的成長對父親與母親，以及對母方的祖父等人互相之間的關係，並未作詳盡的記述。Jones 氏對於這點並未加以指摘，由於他是站在擁護精神分析的立場上，故也不擬作激烈的反論。從而對於「『伊底帕斯情結』對幼兒體驗是否是人類與生俱來？」的這個問題，直至今天還未找到一個答案。

一九六四年，Parsons, A. 氏發表了一篇題為 " Is the Oedipus Complex Universal？"（in Hunt, ed. 1967）的論文，對南太平洋島嶼的資料再加以檢討。她的結論對精神分析學者或文化人類學者的研究，頗多珍貴的提示，簡言之，佛洛依德氏對患者在父權優勢家族生活中所產生的「伊底帕斯情結」，這項概念在南太平洋島嶼的社會是不存在的。在各樣各色社會中成長的兒童，事實上，其中有些是由性的衝動塑造了方向，但也有一些是為權威態度而形成的。

不特限於「伊底帕斯情結」的一個問題，在精神分析的分野中，它所假設的「人類與生俱來」概念之檢證等，都是有賴文化人類學者和精神分析學者共同協力，才能獲致圓滿的答案。Caudill, W. 氏是稀有的一個學者。一人兼有精神分析學與文化人類學兩個學位，他曾就日本育兒與教養做過實證的研究，只是他志未酬便很早去世，實為世界

學界的一個重大損失。

4. 結語

在一九七〇年代的學界，有些學者才開始對育兒與敎養的問題就「生物的」與「文化的」兩方面做了一些調查與探討，以及「生物」與「文化」在交融接點所擔任的重要腳色。其次，是在各種社會人類與生俱來行動的幅度中，依文化的差異所產生的類型，思考與認識的類型，以及情緒類型，關於上列諸種現象，目前從事這方面研究的人不多。有關這方面的探索，均有待文化人類學、心理學、精神醫學、靈長類學以及生理學等的關連領域共同來研究，而後才能獲致更進一步的定論。

參考文獻：

- Hallowell, A.I., Culture and Experience, University of Pennsylvania Press, 1955.
- Hunt, R.(ed.), Personalities and Cultures, The Natural History Press, 1967.
- Le Vine, R.A., Culture, Behavior, and Personality, Aldine Publishing Co., 1973.
- Li Ving, R.A., (ed.), Culture and Personality, 1974.
- Mead, M., Coming of Age in Samoa, Morrow, 1928.
- Mead, M., Sex and Temperament in Three Primitive Societies, Morrow, 1935.

20.宗教心理與倫理

1. 何謂宗教

宗教（religion）一詞，在一般人的概念中，大都保持著超自然觀，諸如神靈、精靈、呪力等觀念，同時也隨伴著儀禮、慣行的體系等，故宗教實為構成一個社會文化最重要的要素。

依照宗教的傳播，分布的範圍及其性格，可以大別為：「部族宗教」、「民族宗教」、「世界宗教」。依其發生，前二者曰「自然宗教」，後者曰「創唱宗教」。若依照其構造機能，尚可分為「原始宗教」及「古代宗教」等。部族宗教與原始宗教是依照不同的分類規則而予以區分的。即依其性格、構造、機能的及其形態的不同而予以劃分，也有些學者把它納入「民族宗教」的範疇裡來處理。

在文化人類學（社會人類學）中，對宗教的主要對象乃為部族宗教及原始宗教。故此本文重點，乃為記述原始宗教。

一般原始宗教迥異佛教及基督教的世界宗教。原始宗教是沒有「教祖‧開祖」等概念，同時也沒有文字化的「教義」。它在宗教的領域和其他文化諸領域是未分化的、重疊的、混淆的。換言之，宗教儀禮與經濟活動是重複的，「祭祀組織」與親族組織或階層組織是同一的。甚至「宗教的職能者」與政治的指導或統治者也是同人。

原始宗教，原則上是指原始（未開化）民族（部族）的宗教而言。可是，原始宗教並非完全不存在於文明社會或高度文化民族的社會中。反之，現代文明諸民族所傳承「民俗宗教」的諸要素，它的性格、機能與原始宗教實是共通的。因此，如果沒有原始宗教的知識，對於一個民族、社會的宗教文化是無法理解的。

即以日本為例，日本原是一個佛教的國家，但民眾依其教育水準的不同，其時對於宗教問題，尤其是對原始宗教的詞彙諸如「animism」（有靈觀）、「anima」、「shamanism」以及「witchcraft」（巫術）等的概念，在措詞的

使用上，就會感到十分困難。因為它是依地域的不同，原始宗教的諸種要素是包括民族的傳統，並由其構築成為世界宗教或民族宗教的實質的構成基礎。

2. 超自然觀的特色

原始宗教的超自然觀，相當於世界宗教中宗教思想或教義。原始宗教屬於具體的，現實的；世界宗教則為抽象的、觀念的。通常，超自然（ super-nature ）的存在，是和人間相互交流影響。超自然觀的發展，是依不同民族、社會、人間生活方式不同而異。

超自然觀又可大別兩種。其一是對超自然認為有人格的存在，其二則認為非人格的存在（ 或多或少非人格的存在 ）。這樣予以區別固然不是絕對的，因為它也常因社會的形態與儀禮的不同而有不同的看法。

人格的超自然的存在，基本是「 靈魂 」（ soul ）與「 精靈 」（ spirit ）。靈魂基本的特徵，在生命原理的觀念上，它是寄宿在人的軀殼中，而且也會脫離軀殼在空間遊蕩，它是和生死、病患、夢等諸觀念結合，構成多樣的「 靈魂觀 」。

精靈是靈魂觀念中不論對於生物抑為非生物都有精靈存在的可能，亦即指存在於人間以外的一種靈魂。根據 Tylor, E. B. 氏的解釋，人間的靈魂，死者的靈魂叫「 死靈 」，人間以外所存在的靈魂，一概呼之曰「 靈的存在」（ spiritual begin ），靈的存在的信仰，乃為有靈觀（ animism ）。可是，此等靈的存在的靈魂、死靈、精靈在學術上，雖然加以區分但在原始民族的社會中，他們對上述三者獨立的存在的概念並不像我們這樣複雜。

但有極例外的民族如中南半島的 Tai 族，對人間的靈魂叫「 khwan 」，精靈叫「 phi 」，Khwan 是靈魂或生命力的總稱，phi 是精靈、祖靈、死靈、魔女、妖怪等的總稱

。至如 Rao 族的 khwan 一詞，祂不特付宿於人間，祂有時也會付宿於稻米、樹木、動物或舟楫裡。又如臺灣的泰雅族（Atayal）的「utux」、「Uutux」、「alutux」等語，它包括著神靈、靈魂、死靈、精靈、靈鬼等廣泛的意義。上列有關靈的存在的名詞，其內容含義是依地域、社會不同而異。因是，爲了解靈魂、精靈的定義，若果只就觀念的一面來加以分類與整理，是不夠的。我們還需對它的社會背景，以及人間關係的脈絡加以檢討，才是最重要的。

對於超自然的存在，如果認爲是非人格的要素時，與其認爲是存在，毋寧是在強調「力能」（force）的方面，諸如「超自然力」或「呪力」的表現，當較爲妥切。關於非人格的「力」的觀念，Codrington, R. H. 氏對「靈力」「mana」的研究頗詳。

在大洋洲的米拉尼西亞以及波里尼西亞所稱的「mana」，它的觀念普遍是指非人格的「力」，寄宿在神、人、動植物、自然現象、自然物體、人造物品等之中，而且能從一物轉移至另一物體，亦即指一種普通人類體能所不能達成效果的綜合力量。並且將「精神的力量」、「巫術的力量」、「超自然的力或影響」與「靈力」一詞相對等。

然而靈力雖存在於一切物質之中，但它是屬非體質上的，在某方面卻是超自然的。人間如果 mana 附在他身上，由於 mana 的力量，他就會成功地獲得酋長資格，當酋長衰老而不能發揮他的能力時，原因是因爲他喪失了 mana，因此他的聲望和權力也隨之消失。

此等 mana 的觀念，表現在酋長、戰士、巫師等個人的能力上，同時一個社會的秩序，也是 mana 的觀念來維持與團結。

上述的超自然的存在或「力能」，可以區別爲人格與非人格加以考察。非人格的力能常與人格的靈魂、精靈觀念相結合出現。靈魂、精靈、mana（呪力）常常會影響個人

、社會的幸福或帶給社會災難。由是靈魂、精靈、mana 觀念，很自然地漸次就和「禁忌」（taboo）觀念相結合。

3. 宗教的職能者

人類對於生存上所遭遇到的禍福，都歸因於超自然力所造成的，為了要應付這個現實的原因，則在超自然界與人間界之間，必需要有一個職能者來做溝通。

宗教上職能者的種類，依其性質，以往就有很多不同的見解，一般大致可以三類，即「祭司」（prist）、「巫師」（magican）、及「薩滿」（shaman）。祭師是指一般祭祀上的執行者、巫師或為呪術師，他用巫術來對付環境作可能的控制，俾達成其信仰目的；薩滿是占卜和擔任醫病，並自稱有神靈附體及控制靈魂法術的人。上述三者尚依社會、文化構造的不同而稍有差異。目前在各種部族中，上列三者有獨立的存在，也有不少是尚未分化的。祭師和巫師，巫師和薩滿有時是兼具同一的工作。

依照他們的工作與機能，一般而言，祭司乃以人格的超自然的存在，施行供儀、祈禱等，專為公共的和永續的實現其功能。巫師是以非人格的姿態而存在（呪力），他是以呪力現實地和具體地解決問題，藉以收到個人的、實際的功效。薩滿以直接媒介姿態接觸超自然的存在，即與靈界和人間界之間直接溝通。目前也有不少名稱如巫醫和託宣等其基本性格與功能都是和巫師或薩滿等意義是重複的。

4. 宗教儀禮

人類對於超自然的存在，透過宗教職能者施術時，逐成為一種具體的、象徵的行為，所謂宗教儀禮。超自然

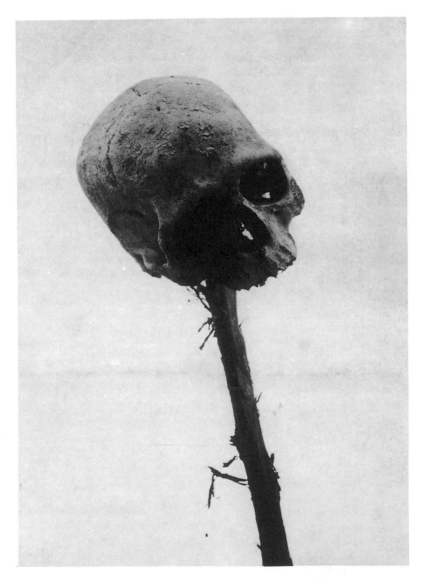

鬼靈信仰是指鬼靈崇拜(ghost warship)，英文manism 一詞，爲鬼靈之意。據Spa-
ncer 氏的意見認爲「鬼靈信仰」乃宗教的起源。在原始社會中，特別尊重有英勇表現的
祖先，最終視爲神明。由於祖先崇拜和對鬼靈的畏懼心理相結合，因而演變成爲宗教信
仰。圖示一般獵頭族獵取人頭後，藏諸頭棚或豐以木桿，它的含義並非淺恨或對自身的
誇耀，而是對死者畏懼，並帶慰靈之意。

觀職能者——儀禮，三者之間的軸關係，並由個人或集團參與，藉以完成一連串「呪術」－宗教上慣例的事。

舉行儀禮的機會，一般為個人的誕生、成年、結婚、死亡等所謂「通過儀禮」，如屬於社會，則為戰爭、狩獵、農耕、漁撈、酋長就任、家屋新建、祖先崇拜等。在低陋文化的社會中，對公私兩方生活上發生所有的事，大都帶有呪術——宗教的意味，則儀禮主義的性格很強。

在原始社會所舉行儀禮中，依施術人的意識，尚可區別為「積極的儀禮」與「消極的儀禮」。禮拜、供犧、祈禱等，即主以人格的對象如嘆願、歸依、感謝、贖罪等的感情表現，及屬於前者。此外如禁忌、苦行、拂淨，禊祓等的試練與戒慎，為人淨化人物或場所，主為非人格的呪力關係，乃屬於後者。

上述的超自然觀、職能者、崇信者，儀禮、習慣等，是和一定的社會與文化有密切關連，從而構成了有組織化的邪術信仰、妖術信仰等原始宗教的形態和制度。

5. 呪術——宗教生活的諸種樣相

大凡在原始社會中，認為人生不論任何方面，都是與超自然有密切關連。尤其是在日常生活上所發生的事故或災害，都以超自然作解釋。從而形成生活上的不安、恐怖、疑慮等與超自然力存在的信念。

根據 Middieton, J. 氏的報告，非洲的魯古巴夫族，他們對於幸福與災禍的神秘原因，深深地佔據著日常生活上的行為，因是死靈、妖術者、邪術者、神靈等，遂成了魯巴夫族人生觀中重要的意味。

社會生活的領域，可以區分為兩種。一種是支配在人為的秩序下，另一種是超越人間的秩序而被支配著。諸如天變地異，生滅起伏等非人類所能抗拒的變化，在原始社會

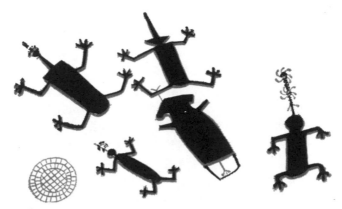

Humorous figures are from a cave region in a high mountain meadow in south central California. **A** total of six caves bore several hundred of them.

Figure in red, black, and white is about five inches high and is from area of the Seape River near Santa Barbara. Site had more than 40 odd figures.

藝術的創作，在於此一族群在其血液中是否帶有藝術的細胞而定，實與自然環境或文化高低無關。圖示一向爲人類學家所忽視的加洲San Rafel 山中的岩畫，所作半抽象形態，兼具意識和下意識。

中，都把它歸於精靈領域與神秘力之所致。在南印度的原住民，他們對感冒、頭痛、腹痛、淋病、梅毒、流產等都認為是超自然存在之所致。天花與霍亂等瘟疫，則認為是觸怒了女神之所致。因是，他們的醫術對施行治療，同時也舉行對神靈的撫慰和祈願。

6. 宗教心理與倫理

宗教是在超自然領域解決人生問題的一種文化形態，但在解決問題的過程，它是有一定的倫理手續。例如薩滿有多種的腳色，主要有治病、預言、託宣等。薩滿治病所行的儀禮，可大別為兩種。一種是因為病者的靈魂迷失在「他界」，薩滿要從他界把靈魂找回來，再附回在病者身上，因是，薩滿的施術，及與「他界觀念」或「世界觀」結合。另一種情形，即病患者因被靈魂附身，薩滿則舉行「祓術」把惡靈驅走，施行此等儀禮時，薩滿是必應用「心埋」來進行——倫理的展開。

換言之，關於為什麼會生病的問題，薩滿是必根據一定的倫理來施行儀禮，同時他也要召集與患者有關的親族一起到現場來，增加患者對他的信心。薩滿跳舞時搖動他的身體，也不是隨便亂搖的，他一切的舉動都是依據該社會超自然觀與參集者的心理來行動。Ie-vi-Strauss,C.氏對於「呪術信仰」解釋如次：(1)術師對他自己的呪術必需抱有信心；(2)患者對施術者的能力,必需抱有信仰；(3)呪術是必受到族人的信賴與支持。

參考文獻：

- 古野淸人，「原始宗敎の構造と機能 」，有鄰堂，1972。
- 岩田慶治，「 カミの誕生——原始宗敎 」，淡交社，1970。
- 竹中信常，「 ダブ—の研究 」，山喜房，1977。
- 吉田禎吾，「 魔性の文化誌 」，研究社，1976。
- Beatti J., Other Cultures, New York, Tree Press, 1964。
  (蒲生正男・村武精一譯,『社會人類學』,社會思想社,1668)
- Comstock, W.R, Religion & Man: The Study of Religion & Primitivl Religions, New York, Harper and Row, 1972 (柳川啓一監譯,『 宗敎——原始形能と理論 』,東京大学出版会,1976。)
- de Vries, Jan., The Study of Religion, New York, Harcourt Brace Jouanovich, 1967.
- Duvkheim, É., The Elementary Forms of the Religious Life. New Youk, Free Press, 1965.(古野淸人譯,『 宗敎生活の原初形態 』上・下,岩波書店,1941～1942。)
- Evans-Pritchard E.E., Theories of Primitive Religion, New York, Oxford University Press, 1965.(佐佐木宏幹・大森元吉譯,『 宗敎人類学の基礎理論 』,世界書院,1967。)
- Frazer, J., Ther Golden Bough, 13 vols, New York, St. Martins, 1890～1936.(永僑卓介譯,『 金枝篇 』全五册,岩波書店,1941。)
- Goode, W.J., Religion Among the Pirmitives, New York, Free Press, 1951.
- Norbeck, E., Religion in Primitive Society, New York, Harper & Brothers Publishers, 1961.
- Tylor, Edward B., Religion in Primitive Culture, New York, Harper & Row, 1958.(originally published in 1871)

21.神話

1. 何謂神話？

神話（myths）一詞，乃源自希臘文mythos，初時係指「寓言」、「民譚」、「傳說」等意。其後，則漸次與「logos」及「historia」成對照，意味著「現實的而帶神聖」之意。

神話有許多類型、系統和表現法，同時依其構造與特性的不同，而有各種各色，而且非常複雜的機能。因是，神話的一門學問，除了專事研究神話的學者外，一般人對它的定義和了解，是一件很不容易的事。

大凡神話，都不是單一自體的存在，而是與儀禮、信仰及社會組織有密切關連。因此神話也可以說是在文化中，屬於頗爲複雜的一項要素。故凡研究神話，甚至要涉及人類學、民俗學、社會學、宗教學以及心理學諸種學問。

如果我們認爲神話只是神聖的故事，它所描述的不是「歷史的事實」，而是一種「膾炙人口的神秘傳說」的話，那麼，這樣的定義，必定很難得到學者們同意的。

依照 Kerenyi, C. 氏對神話所下的定義：「神話是最原始的故事，它最少也是一項最原始的傳說」，換言之，所謂「原始」（primitive），就是神話在概念上，乃最具有本質的一項特徵。

此之所謂「原始」，它是站在論理的優位，但屬非時間的開始；換句話說，它是相當於「原理」（proton）和站在時間順位的優位，而有兼具時間論的開始。再詳言之，亦即兼具「始源」的雙重意義。從而對神話所描述的事物和事象，它都是有「曾經存在過之事態的一種根據」，故此它也是具備著存在論的任務及其主要目的。

神話在原始發生的時候，譬如，人最初是怎樣發生的？最初一種混沌的空間，又是怎麼發生了一個具有秩序的宇宙？世界上的動植物怎樣會生長出來？善與惡又怎樣發生的？上述種種神話出現的行爲，都是由於超自然的存在而產生的。現今人類因爲沒有超自然觀念，故沒有能力產生

同樣的行爲。換言之，神話實爲「超自然存在的創作主題」。

　因此，我們對於神話中某一可信度的敘述，遂構成了歷史的一部分。初期有一部分的哲學家對「Homeros」神話，認爲完全是一項虛構而加以批評。假若像他們認爲神話完全不可置信而失去「現實感」的話，這不能不認爲他們是一種偏見。事實上，在相信神話的社會裡，神話和現實實有深遠的關連，即在神話的存在背後，是必有某一種的意味予以支持，因此神話遂成爲社會「歷史」的一部分。析言之，它必係在遠古時，原初實際所發生過的一項事實。因是，它也意味著，如果你否定神話。反過來說，同樣你也就否定了現在。再詳言之，由於「現在的秩序」，既是神話中所提示的結果，如果把它否定了，不就是把現在宇宙的秩序，最原初的基盤和前提，全部都否定了？

　在神話中，有關男女區別的起源，在今天的確存在著。生與死以及善與惡，在我們的世界中，也是確實地存在著。從這些事實，正是印證了它的眞實。如何認爲神話是虛構，而我們又用什麼更好的方法來說明這些男女、生死和善惡的現象呢？

　人類本能的行動有異於其他動物，因爲人類能操語言和思考，對事物有把握論理的能力，對各種現象都有說明的體系。至如今日在西歐社會中，雖然因科學的昌明常用科學方法說明體系來代替神話，可是，還是有不少學者最終還是回歸於宗教，這是屢見不鮮的。

　最近在人類學研究中，頗重視神話理論的說明體系，學者們深深感覺到，如果否定了神話，同樣地也否定了世界的秩序以思想體系了。因此在各種社會中，我們無法不承認神話是眞實的。

人類爲了要探究宇宙萬物的秘奧，因此產生了神話。自然民族敍述神靈，或人類與大自然的關係，主要內容，常具有一種宗教價值。因爲神話就是原始心理的表現，而原始心理又極富於宗教觀念，因爲神話和儀禮（祭儀）都是宗教的工具，神話能替人類信仰尋出解釋；儀禮可以增強信仰力量。

神話是敍述神靈或日、月、星辰和天、地的故事，它往往是用最原始的方式，描述族人和大自然間的關係。神話與虛構的小說不同，它常與史實相混。故神話在原始社會中，不是休閒的故事，而是一種歷史教育。圖示所羅門島一位長老爲下一代講述獵頭的神話故事。

2. 神話・傳說・民譚

　　許多學者曾經對神話、傳說和民譚作類型上的區別，可是都發生了困難。最大的原因，是其所在的不同社會裡，有不同的含義。亦即某些用語，在某些社會中，和我們的解釋完全迥異。我們為了對它的「故事」易於了解，在作業上，只好把它作為一種假說來研究。

　　可是，如果要神話和傳說做一個明顯分別的話，傳說乃與神話不同，它的特徵，即傳說所描述的不是原初的故事，而常用於原初與現在之間的時期中，實際所產生史實事態的確證。其中或有包納一些神話的要素或形成神話境界的領域，因此兩者是很難作明確的劃分。

　　所謂民譚，是迥異於神話與傳說的性格。典型的民譚，大都帶有教誨和娛樂的成份。故事中的登場人物，有人、有動物，甚至有神的變身。神話在聽者可能會產生某一程度的真實性，可是民譚則反之，民譚雖然常帶有神話思考的作用，但它的內容，與其說是事物與現象的起源，毋寧說是現存社會人間關係與信仰的凝縮投影。例如在民譚中，對食人行為、近親相姦，或瀆犯某一禁忌，都用現存社會的諸種關係或諸種觀念，來說明它的報應和結果。故民譚在表面上雖為娛樂性，但其內在則多潛有勸世之意。因此，神話與民譚，其立場完全不同，而機能也不一樣。

3. 神話的分類

　　由於神話內容有多種，因此對神話下一個定義是非常困難的。近年有些學者，認為神話本質的特徵，在「原始」時已存在，故對起源神話為中心而加以分類：(1)宇宙起源神話；(2)人類起源神話；(3)文化起源神話。

⑴、宇宙起源神話

這一類型的起源神話，有以「超自然的存在（創造神）的方法作爲創造宇宙」及「由某種原初物質自發的發生宇宙」等兩種類型。前者的神話，見於紐西蘭、北美、西伯利亞、亞洲內陸、東南亞等廣泛的地區如創造神等神話。後者的神話，則見於坡里尼西亞、舊大陸、東南亞、非洲等地域，宇宙是從卵誕生來乃其顯著的一例。

⑵、人類起源神話

人類是怎樣產生的神話，乃屬宇宙起源的一部或爲它的延長。創造神的神話中介入人類產生的故事，常見於世界各地區。動植物是由卵生的神話，見於東南亞、北亞、北歐等地。人類產生自超自然的神話，見於古印度、中國、非洲、玻里尼西亞。

⑶、文化起源神話

此種神話，常包納人類文化的全部。其主題多與天體或自然有關，即在神話中有動物、植物、水、火，甚至涉及日常的器用和祭具等物質。

4. 神話的研究

神話研究的歷史頗爲久遠。自羅馬時代開始，就有不少哲學家和史學家從事研究埃及和希臘的神話。Heraclitus 氏曾就神話的寓喻做了很多的研究，Euhemerus 氏對神話史實的研究、神話中諸神的比較、構造論、儀禮主義的解釋等提出了很多見解，Plutarch 氏爲近代神話研究最知名的先驅者。

近世關於神話的研究先驅者，尚有義大利哲學家 Vico, C. 氏、德國 Creuzer, F. 氏，Muller, K.O. 氏，迨至十九

BIMA THE CURLEW

When Purukupali heard that the death of his son was caused by the conduct of his wife Bima and her lover Japara, the rage of the father was unbounded.

After striking his wife over the head with a club, and hunting her into the jungle, he attacked Japara. The two men, locked in a deadly struggle, fought for hours, each wounding the other so severely that they finally fell to the ground exhausted.

When Purukupali, recovering slightly, walked into the sea with his dead son and drowned himself a great change came over the world.

Japara became the Moon-man and rose into the sky, the wounds made by Purukupali still visible on his face. Bima, mother of the dead Jinini, was changed into a curlew who even now roams the forest at night, wailing with remorse and sorrow over the loss of her son and the calamity she brought to the world.

神話是傳說和宗教信仰兼具，主要講述一些神靈，是人類早期對自然現象的講解。日、月、星、天地及人的身後生活，這些都是產生神話的起源。神話在人類學上有一種共同的了解，即是有關神祇，宇宙與人之本質與意義等的敍述故事。圖為Charles Mountford著"The Dreamtime"澳洲土著神話書中插圖和故事。

世紀後半葉，繼由 Kuhn, A. 及 Muller, F.M. 兩氏奠定了基礎，他們成為印歐神話的比較及對神話解析最初的一個學派。

其後英國 Lang, A 氏更基於 Tylor, E.B. 氏的「有靈觀」發展為宇宙要素的人格化的學說。

迨至二十世紀，Siecke, Winckler, H.及 Stucken, E. 三

人，爲研究神話與儀禮的著名學者，通稱「汎巴比倫尼亞派」（Pan-Babylonia School）。

另一方面，在英國的人類學者和民俗學者 Frazer, J.G. 及 Harrison, J. 二氏以民俗學資料爲背景，發展 Muller, F.M. 的自然神話學說。

可是，此一「自然神話學派」，一度因在美國和英國同時發展田野調查爲主的文化人類學及社會人類學的非進化論的社會機能（構造）的流行，使此一門學問顯著的衰退。

近年有部分學者，由於受到 Dumegil, G. 氏的神話與儀禮構造分析學說的影響，使「比較神話學」又重新興起。

上述的神話研究，不論它是否受到學界的肯定或否定，在目前，獨自對神話研究的學者，爲數仍然很多。例如以社會學的見地來研究神話者，有 Durkheim, E. 及 Eliade, M. 兩氏，以現象學的立場來研究神話有 Leeuw, G. 氏，以心理學的研究來探討的有 Freud, S.Jung, C.G. 以及 Levy–Bruhl, L. 等人。以本質論探討神話者有 kerenyi, C. 及 Cassirer, E. 等，上述諸氏，對神話的研究都有重要的貢獻。

參考文獻：

- Bulfinch, Thomas. Books of Myths, MacMillian, 1964.
- Grimal, Pierre, ed.,Larausse World Mythology, Putnam, 1965.
- Larausse Encyclopedia of Mythology. ed. by Felix Guirand, Prometheus Press, 1959.

22.文化人類學與藝術研究

在文化人類學中，既往對於藝術研究的資料並不多見。站在民族學的意義上而搜集藝術標本，也不過開始自十五世紀。實際上，例如關於非洲音樂的調查與記述，即使在十七世紀，也只有一些零星記載而已。

德國民俗學家 Grimm,J.在十九世紀初葉對原始部落的口傳文藝做過一些研究，其次是 Baker, J.在一八八二年發表過一篇「北美洲原住民音樂」的田野調查報告。迨至一八六九在西班牙發現了 Altamira 洞窟以後，從此在考古學上，對舊石器時代或對冰河時代史前人類的藝術創作才開始關心。

關於自然民族原始藝術的研究，在人類學以外尚有 Haddon, A.C.以進化論的立場推論「藝術的進化」（1895），Wundt, W.曾經發表過一篇「民族心理」。可是，從人類學者以有體系的研究，除美國 Boas, F.在一九二六年發表他的一本「原始藝術」（Primtive Art）之外，其後就很少看到人類學家有類似的研究。

藝術大致可以分爲時間藝術（文學、音樂），空間藝術（繪畫、雕刻、建築、工藝）與時空藝術（戲劇、舞蹈）等三大類。上列三類的藝術在人類學中，對於原始舞蹈或戲劇的研究，尤爲稀見。

1. 藝術與進化

在一世紀之前，藝術從寫實趨於表現主義（expressionism）的進化傾向非常顯著。關於這個現象，有些學者認爲是受到人類經濟形態進化而進化之所致。例如在舊石器時代，人類在狩獵採擷經濟的情況下，藝術都是屬於咒術的心性，因此產生了寫實的繪畫。迨至新石器時代人類進入定居農耕與有靈觀（animism）的心理，因此產生了象徵性的作品。

藝術一詞，也許永遠讓人們爲它的本質與歷史的來源提出爭論。甚麼是美？爲甚麼我們愛美？我們姑且避開冗長的論調，美當是一種形態所具的質，使視覺會感到愉快，因而被稱爲美。其次，美好之物可能最初起自思慕的對象，後來，美感的意識就產生了強烈與冗進的性慾，便將這美的氣氛傳遍到有關她的每一樣像她形狀的物體，所有能裝飾她，使她滿意的，這些都是美好的。圖爲Masai族女。

　　Read, H. 氏把新石器時代所發生的抽象底幾何文（germetric form）更分別爲兩大類。其一是屬於技術的演變過程發生出來，是一種無關心，無感動的裝飾性藝術；另一種是以象徵爲目的來做決定的企圖性底藝術。但是也有一部分自然民族的藝術，大都不是從觀察中依據現實來描寫，而是依靠概念來造形。此等藝術，從圖騰柱和面具就可以看到藝術的創作，幾乎都是屬於象徵主義的。在矇昧社會中，更盛行著色彩象徵。因此原始藝術其進化方向，只在寫實性和象徵性以及使用色彩爲其形式，而非著重於自然描寫能力上的問題。

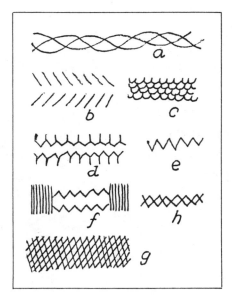

Mincopies族的裝飾文樣──a
，用白堊畫在弓背上的曲線文；
b，畫在腰帶上的人字複合文；
c，貝殼上的白鱗文；d，f，
婦人腰帶和頭巾上的白色花文；
e，弓背，獨木舟和槳上的黃色
及白色鋸齒文；g，鑴刻在婦人
腰帶上的交織文；h，畫在盤文
上的白色或褐色連續菱文。（依
據Grosse）

藝術的起源，當人類在狩獵採擷
時期，乃發生自咒術，迨至新石
器時代，從狩獵進入農耕的定居
，才產生象徵性或幾何抽象的作
品，故凡原始藝術，甚少具有自
然主義的表現。圖為菲律賓北呂
宋Bagobo族狩獵用的木雕媒鳥
（wooden decoy），為原始藝
術僅見的寫實造形。

Mumford, L. 氏曾謂「藝術」一詞，原本與技術同義。所謂技術，就是企圖以某種方式，或者某種方法藉以作成一體事物，例如工程技術和職工技術等，都含有技術的意義。然而技術在文化人類學中，它所指的技術並不僅僅包納實用性的意義，而且還包括對「美」的滿足。人類為甚麼有美的操作行為，或者把物體的形狀加以修飾？我們對於這個問題，雖然還未能求得一個明確的答案，可是人類對於「美」的追求這種基本的慾求確實是存在著。只是，美的感覺是一種主觀的東西，而且也因文化的不同而異，故此若要把「美」來厘定一個標準是不容易的。同時人類最初對於美的操作，事實上並沒有美的意識，只是因為咒術或宗教的目的，而在物器上附添一些記號或在某一物體上加以修飾的操作。故此在原始藝術中，原先是宗教目的，同時伴以藝術的要素，最終遂成為一件藝術品而已。

在任何一種文化中，藝術大致是和它文化的技術能力對應而呈現的，例如攻石的處理、陶器的製作、青銅的鑄造等，這些藝術都是和技術對應的作品；同時藝術的表現，與技術同樣重要的，還有材料和思想。在原始藝術中，無不與其天然環境及宗教思想有關。即使舊石器時代冰鹿期的遺跡作品(Magda-lenian)都不出其例外。

2. 民俗藝術‧職業藝術‧大衆藝術

關於藝術的分化乃與社會有密切關連。它大致可以分做原始藝術(primitive art)，民俗藝術(folk art)，職業藝術(professional art)及大衆藝術(popular art)四大類。

民俗藝術是由具有藝術才能的人，依照傳統樣式來製作的藝術，它是產生自民衆的習俗，諸如陶器、編織、舞蹈、山歌等。職業藝術是一項專業的工作，作者應是一個有自覺的人，同時也抱有以技術來完成一件作品的理念。其

中一部分藝術家雖然遵循傳統出發以達成最終的目標，但也有不少作者，以自身的創作來探索藝術的。大眾藝術是應用一些和我們日常生活有關的熟識器物利用它來作爲藝術創作的一種題材。故此，與其說是這種藝術受到藝術的影響，毋寧說它只著重在和我們生活上有關的感情。至如原始藝術，則與上述三者有別。原始藝術一詞，是指現存少數民族的藝術，而有別於民間舊俗的民俗藝術，兩者實不宜混淆。大凡原始藝術都產生自咒術，它不似高等文化的民俗藝術而帶有文化的志向，而只是企圖要達到某種咒術上目的的一種實用性藝術，而且製作的動機（motive）大都取材自傳說和神話，而與美的意識無關。

3. 藝術的普遍性與特殊性

　關於藝術普遍性的問題，旣往議論很多。如果把藝術的普遍性在審美的基礎上做一個探討方向的話，它與人類的「體軀」（body）、「食物」（food）、以及「性」（sex）一樣，是基於生理上的慾求，應具有一種共通性或者視它爲屬於生活上的韻律（rhythms），例如大自然因季節不同所呈現色彩的變化等，它就會成爲美的一定的效果。但是，美的感覺，與其說是由於自然的經驗，毋寧說它受到文化的影響更爲顯著。它的原因是因爲人類的特色是喜愛常用象徵（symbols），而象徵的意義，又常產生自文化，而藝術則常常帶有象徵的性格。
　藝術之中，它的象徵性又常超越不同的文化，而具有一種共通性，使人們普遍地達到理解。例如發現舊石器時代的女性裸像，以及澳洲原住民的男器崇拜等，對於其他不同文化的人類都能理解，這些都是它所具有的象徵。但是也有屬於例外的，例如北美洲西北海岸 Haida 圖騰柱（totem poles）它的象徵就不易爲外界文化的人所理解，故

Asmart 聚會所內部入口兩側立置的守衛精靈像，木雕、塗彩，飾以羽毛為髮，新幾內亞。

東非剛果地區的木彫精靈像及木彫髮簪

此許多象徵也有文化的界限。

4. 默示文化的藝術

許多藝術之中，也有不少是創作它的人，或參與它的活動當事者，他自身對它的意義不怎了解的人也很多，這種藝術，所謂具有默示（implicit）的性格。例如臺灣賽夏族（Saisiat）每兩年舉行一度的矮靈祭，從族人口中唱出來的歌，事實上她們並不了解它的意義，她們只是深切地享受著傳統文化那份深切的感情，緬懷既往的情緒，從心底抒展出來的那些韻律和調子而已。

根據佛洛伊德（Freud,S.）派的學說，認為大凡藝術的形式，如果帶有這樣潛在意識的表現，雖然在表現時對它潛在性並不怎樣地強調，可是藝術的表現，與從文化傳統中產生出來的那種無意識態度之間，卻有一種密切的關連。故此，我們對各種不同文化，對於美的理想，在文化傳達時，它無意識的側面所呈現的藝術形式，乃依每一個人不同的態度而決定，換言之，即呈現出來的形式，乃依個人的潛在意識的不同，而扮演出感人和不感人的種種角色。

基於這樣的理論，我們不難推知，大凡藝術的表現，在它的側面，就是我們自身對於某種藝術表現的美是否能受容；或者以自身的經驗，對異質文化的藝術表現拒否的原因而定的。這種心理的傾向，對於音樂尤為顯著。故此，關於美的意識，大都存有普遍的公分母，如果我們對異質文化要獲得深切的了解，那麼對它的感情是必要有很深的潤色。一如 Schapiro, M. 氏所說：「藝術是在不絕緊張狀態底個人的想像力，與傳統的重複之間的一種不安定的均衡狀態下產生出來的。」

5. 形式與氣質

大凡藝術乃存在於創造者與大眾之間。例如臺灣的排灣族，及雅美族的陶罐在同一村落中燒製出來的，在形式上都非常類似，他們大都依循傳統的式樣來製造，如果一旦改變其形式，反而失去了原有精神性。正如 Leacg,E.R.氏所指出的，在自然文化中，我們要把他們劃分為工匠或藝術家是沒有意義的。因為在民俗水準線的文化，和文明社會的文化不同。自然民族對於新奇的東西並不重視。

自然民族的藝術家，他們的創造主要以大眾為基礎而非個人的表現，由於此一原因，故更助長了藝術傳統的保守性。

原始藝術不特屬於保守主義，他們對於形式原理中的形、空間、色、線、調子、韻律以及均齊或平衡，這些一切的要素，都是產生自內在的精神而加以組合的。故此，所謂「一定的共通點」，就是原始藝術形式的特徵。

不論任何文化，其中都存在藝術的要素。故此每一種文化，大都具有強調其藝術形式的傾向。例如 Bali 的雕刻、繪畫、陶器、舞蹈、戲劇等，在表現上都有多樣性形式；至如非洲的 Masai 族，僅對於音樂，舞蹈以及身體裝飾方面較為熱中，而對於造形藝術方面則毫無表現。類似這種的事實——所謂「藝術的氣質」，它是因文化不同而異，與人種的屬性差異無關。

6. 藝術的機能

藝術的機能（functions），大致可以分為個人的與社會的（大眾的）兩方面。前者的藝術活動是賦予創作感，它的企圖是對自身觀念的一種表白。社會性的大眾藝術卻是一種因環境變遷而來的新經驗，彼此相互間的溝通感，或

南美洲Yanomami印第安在鼻端穿一木塞，兩端飾以鮮紅羽毛，其用意並非美的意識，穿鼻是在表現其勇敢，以及求生能力，紅羽是用以引誘異性的注意或嚇唬敵人。其後由於心理學上所謂「恆常現象」，習見久之遂成為「美」。

者對日常性所養成的「習慣」予以一種衝擊與刺激的效果。換言之，大眾藝術的功能，就是要使藝術現象脫離了慣常的競爭，而使我們把注意力轉移在事物隱藏著一部份活動，亦即藝術都具有連帶性的效果。例如集團的歌舞業，它就是由於以藝術的形式來提供的活動而獲致合一性的一種象徵。此等連帶效果在宗教藝術中尤為顯著。

藝術尚帶有身分的象徵機能。例如 Haida 部落中的圖騰柱，排灣族的頭目家屋的檻楣，北美不原印第安人頭上的羽飾，都是表示他們在社會的地位。又如古埃及的金字塔，就是對身份誇示的一個例子。

所有視覺藝術大都包納著宗教信仰的要素，即使原始的音樂和舞蹈，都是和宗教儀式同時發展而為一體化。

藝術是始源於藝術家「孤獨的活動」。一如 Benedict, R. 氏所說：「社會理解他的藝術，然後把理解的那份理念納入它的社會組織中」。在藝術的機能的另一面，當事者對於創作與自我的實現，同時也能享受到滿足感。要之，藝術的機能，不論在原始社會抑或在文明社會，由於大眾從藝術中獲致「新的感動」，因之也豐富了社會全體的意識。

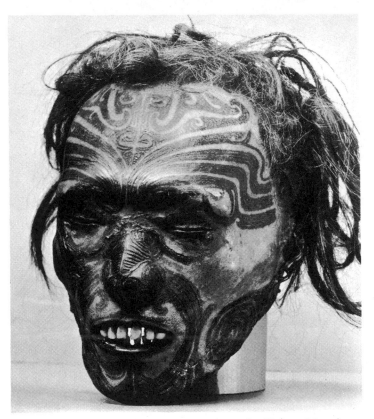

*The elaborate tattooing of a living Maori
is vividly preserved on the mummified head which
he lost in battle and which was kept by his conqueror
for its mana. (Courtesy of the American Museum
of Natural History.)*

獵頭民族把敵人首級留在部落裡，在他們看來是一種道德和感情的表現。在自然民族中，道德觀念與宗教信仰，刑法與生活習俗，大都混淆不清，是非與禍福觀念，有時也互相混淆，即消極的抑制觀念多於積極的砥礪觀念。圖示Maori 將一具有美麗黥面的首級，用秘密的方法燻製的木乃伊。

23.文化起源與傳播

1. 緒言

文化（culture）一詞，在現代科學上含義很廣，它是政治、經濟、信仰、道德、藝術、文學、風習以及一切成爲社會一份的能力和習慣等等的綜合體，爲文化人類學上極端重要的術語，且屬於歷史民族學的一個課題。

Kroeber, A.L.氏對文化的界說，認爲：「文化乃包括各種外顯或內隱的行爲模式，藉符號之使用而習或傳授。文化的基本核心包括傳統，即由歷史衍生及選擇而生的觀念。文化體系雖可被認爲人類活動的產物，又可視爲制約人類作進一步活動活動的因素。」

上述的定義是指人類在意識上共同求謀生存的方式，是屬概念性的定義。另一個定義是實質性的，指經過人工處理而產生的結果。在這個層次上的文化，因每個民族有他自己的一套特殊設計，以致各有不同。實質性的文化又可分爲精神文化（spiritual culture）、社會文化（social culture）和物質文化（material culture）。

精神文化是一個民族人生觀、超自然信仰等；物質文化是指飲食及日常生活。前者是無形的，後者是有形的。此外尙有社會方面的文化，是涉及一個民族的社會結構、家族組織、政治組織等，也是無形的。

在概念性層次上的文化變遷是演進的，即由低級演進到高級，由單純演進到複雜。在實質性層次上的文化變遷現象，各個社會不盡相同。由於各民族性、人生觀、價值觀的不同，使得變遷的時間、速率和結果者不一樣。文化變遷的主題，即在於此。

2. 人類精神本質的同似性

西方在文藝復興之前，對於異民族（pagans）的文化，都抱有很大的偏見，視它爲一種畸型而荒唐無稽的行爲。

迨至近世，由於得力於科學合理主義的倡導，對於所有的人種，才歸納為「人類全體像」的位置。

在生物學上，所有人種都屬於一個種屬，且具同一的身體形質，這個學說是由 Von Linne, C.氏所確定的。他並且主張人類的精本質具有同似性學說，其後再由德國的民族學創始者 Bastian, A. 氏予以概念化和發揚。

Bastian是一位熱中的人類學家，他足跡遍及全球，對於世界各地諸民族間在文化上的差異中，卻發現了不少「類似之處」。這些在差異文化中的雷同文化，他認為正是在說明「人類精神的同質性」。詳言之，即根據他的理論，大凡人類不論其人種的何屬，不論他生存於那一塊地區，但他們都具有一種潛在的而且共通定數的基本觀念。此一基本觀念，他稱之為「原質思念」（elementargedanken）。地球上，在互相隔絕的地域中，不同民族的文化，從獨立發生以至到達某一層次或時期，常常會出現彼此間非常相似的文化現象，這就是因為潛伏的人類精神的「原質思念」顯現的結果。

Bastian 氏對於各民族依其自然條件以及環境不同所產生的獨自文化，他認為是「民族思念」（volkergedanken）所顯現的一種特殊結果。他所主張的「人類精神原質的同　性」概念，原則上已獲得多方學界的肯定，同時他也確立了人類認識的普遍公理。

3. 進化主義的獨立起源論

十九世紀後半葉以迄二十紀初，關於文化起源與發達的經緯，有兩個極端不同立場而對立的學說。其一為「進化主義」人類學，另一則為廣義的「傳播主義」民族學。前者為站在進化主義立場概括探討一切文化，而後者則為針對前者批判所發展的學說。

石斧是人類最早的工具，它雖是石器時代的東西，但今日仍可見於低陋文化的現存民族中。在地球互相隔絕的地區中，不同民族的文化，自獨立發生以至到達某一時期，通常會出現彼此之間非常相似的文化現象，例如上述的石斧或面具與紋身等等。根據Bastian氏的學說，稱此現象為「原質思念」。

一如前述，民族學者對世界各地的過去，與現在的各民族住民的文化要素，曾發現甚多根本的類似點。Bastian 氏對此發生原因，說明係由全人類精神構造基底的原質思念作用所致。人類精神的素質，不論任何一個民族或人種，在本質上都是同一的，所謂：「心性均一說」（theory of psychic unity），類似此等文化，不論任何地域，都認爲它是獨立發生。此一學說，稱「文化的獨立起源論」。

精神素質的同似，與文化獨立發生兩種假說中，人類在太古以來，不論任何地域，文化的發展是必通過一定的階段，進化論因是成立。故此，現今的文明社會與未開化社會與文化的差異，只是進化進度上所產生的「階段差」，但同時也說明了在同一「進化階段」中迥異的步伐而已。

Morgan 氏曾就所有人類、社會制度、技術、政治組織、經濟等全體步調，經過野蠻、未開化、文明三階段有名的進化度圖式。Tylor, E.B.氏也曾就宗教起源的有靈觀等進化系列把它圖式化，同時由於文化傳播所形成的發展可能性加以論證，也是在強調「心性的均質性」理論。他確信所有民族都具有進步的資質。但文化的差異，並非因文化的起源與樣式不同而起，而是發生於發展程度上的差異而已。

Frazer, J.G.氏的「呪術先行論」，MeLennan, J.F.氏的「人類婚姻史」都是屬於進化主義的人類學；反之，則爲反進化主義的傳播主義民族學，對進化主義頗多批判。迨至一九五〇年，美國認爲文化是多系進化，因此有更新「新進化主義」的產生，它成爲目下最有力的一個學派。

4. 傳播主義的單一起源說

進化主義人類學，是在強調人類心的均質性，而且認爲文化是多元的，並作平行的獨立發生。至如在傳播主義的

立場，雖然對人類內在精神的均一性並未加以否定，但對人類的發明、發現的能力卻加以消極的評價。即此派認為促進文化發展，絕非是發明或發現的力量，而文化的進度唯有依賴傳播，這就是傳播主義立論的前提。

⑴ 英國的超傳播主義

極端的一元論的傳播主義，出現於英國的二至三十年代，主要學者有 Smith,E.氏，Perry,W.J.氏以及Rivers,W.H.R 氏等，通稱「曼徹斯達學派」(Manchester School)，他們認為世界所有的文明乃起源於埃及。因是，此一學派又被稱為「泛埃及主義」(Pan-Egyptism)。由於此一學說對人類文化的創作能力過份短視，今日已不存在。

⑵ 德國的文化圈說

德國的文化圈乃以方法論為基礎，對文化的比較基準，採用漸次的精緻化。創此學派者為 Ratzel, F.氏，他探討遠隔地區的一項類似文化特質時，對於它的文化財（道具）本來的機能與目的–例如獨本舟的木槳，它是否獨立發明，抑是模仿或借用？道具本來的機能如何？槳上所描繪的文樣設計與動機又如何？是否有「心的同似」的平行的獨立發明形跡？或由兩文化之間歷史的接觸，或者它是如何成立了發生的關係等等，而後才成立其「形態基準」。例如 Ratzel 氏曾就非洲和米拉尼西亞的弓箭形態做了許多比較分析，對兩者之間弓柄的交叉部位、弦的裝設部位，矢羽的酷似等的構造之中，再找出它是否有模仿或借用等關係。

其後，Frobenius, L.氏應用 Ratzel 氏的基準理論，將歷史的關連架構擴大，應用於文化移動、各文化特質傳達的研究，建立全文化複合及許多有關的學說。即非洲與大洋洲，它的弓矢與形態、家屋、楯、面具、鼓等，兩者之間不特有許多相似之處，即傳說、神話等的精神文化，也有

　　畫身（paint body）也許是人類最早出現的藝術。但畫身的開始並非美的意識，而是男性向女性求愛時用以引誘女性的注意或用以嚇唬敵人。人類的此種行為見諸非洲、大洋洲、澳洲以及東南亞各地。但此文化同時出現於低陋各地區，並非由於傳播，而是「原質思念」的顯現。圖示澳洲內陸土著的畫身（面部），胸部則為年青時舉行成年儀式所留傷痕。

「傳播」是指人類在有次序的文化發展中，除發明而外，在各種不同的社會中所產生的文化相似性。可是在許多不同文化中，却常常不是由傳播而出現了相同的文化。吸煙是北美洲印第安人開始的，而蘇丹的 Lotuka 族人也吸煙，這無疑不是由於傳播，而是一種「發明」了。

不少相似的地方。因此乃有認為可能非洲的文化乃傳自大
洋洲一種複合文化的假說。Frobenius, L.氏把這理論導入
統計的規準，而建立了所謂「文化圈」（culture circle）
學說的概念。

5. 美國的波亞斯學派

以綿密的手法發展民族學的歷史研究，應推美國人類學
家波亞斯（Boas, F.氏）學派。他很早就立論「直線的進
化」和「單一起源與純粹傳播」的諸種學說。他的基本態
度認為：「與其確立規定一個全人類文化發展的普遍法則
，不如先要了解各個文化的成長程序乃最重要。」他曾就
北美印第諸部族的文化分布，來探討文化傳播的實況，所
謂他以文化圈學說的觀點來做文化的類似的研究，亦即避
免依賴傳播的單一原理，而對特定文化特色的共通以及連
續的分布的了解，從而明確地認出文化的關連範域，所謂
先限定於「文化領域」（culture area）架構之內，而後
再展開其歷史發展的一種方法，採用這種研究方法，其結
果是要喚起在文化類似現象中，對於在同一進化法則下所
產生的平行發生，或由一方傳播與移動至另一方，它所無
法說明的所謂「輻合」（convergence）發展，也可以引
起研究者的注意。輻合一詞，原為生物學上的術語，即不
同的東西而具類同的形態同的形態的順應所顯示的進化意
味（例如魚與鯨的形態上的類似）。其後，人類學借用這
個術語，作為表示相異諸文化中的具有類似的文化特質、
獨立的生成及其發展等的用語。

這些美國人類學，一方面去尋找分布在文化上傳播的痕
跡，另一方面也同時注意及它的輻合現象，藉以展開研究
各個文化發達的動態分析。由於此一研究方向，因而導致
深入的所謂「文化變容」（acculturation）的研究發展。

參考文獻：

- シユミツ，ト，W.,大野俊一譯，「 民族と文化 」，河出書房
  新社，1957，1970。
- ポワリエ, J.,吉野清人譯，「 民族學の歷史 」，文庫ワヤヅユ
  ，白水社，1970。

24.民話研究與民粹學

民話又種民譚，英文作 folktale 或 folk fiction，日文作口承文藝，德文作 volkserzahlung, 法文作 conte popu-laire。

今日，民話已經受到學術上的注目，把民話作爲學術的研究，應推 Grimm, Jd.W.兄弟爲最初的兩人。諸如民話與神話的關係、民話的發生時期，原鄉土、傳承者與民話的關係、民話傳播與原型（prototype）、民話的樣式、民話的分類，他們兩人都做過非常深入在民譚分野上的研究。最近蘇聯 Propp,V.氏發表了一本「民話型態學」，使民話構造的研究，在學術上受到莫大的重視。

一九一〇年芬蘭學者 Aarne, A.氏最初試圖以「故事類型」來分類所謂芬蘭派法（Method of Finnish School），繼其後美國 Thompson, S.氏加以增訂，出版「Aarne-Thompson：The Types of the Folkale（1961, EFC, 184）」，此書在今日已被世界研究者作爲民譚分類的標準。

日本於一九三六年，柳田氏也曾發表過民譚分類試案，編印了一本「日本昔話名彙」，其中分爲：

(1)「完形昔話」──帶有傳記的性質；
(2)「派生昔話」──笑話及因緣故事。

一九五八年日本關敬吾氏編有「日本昔話集成」，計六卷，內容分爲三部：(1)「動物昔話」，(2)「本格昔話」及(3)「笑話昔話」，此一集作遂成爲今日「日本昔話」的典型。其後更出版有英文本「Types of Japanese Folktales」（Asian Folk-lore Studies, Vol, XXV, 1966, Tokyo.），內容頗近以Aarne-Thompson的 分類法。

關於口傳民話，自中世紀以來，很多的故事都可以視爲「說話文學」。例如日本民話「宇津保物語」、「落窪物語」、「伽草紙」、「鉢かづき」、「蟹報恩」、「日本靈異記」等，在民話中，不特是日本最膾炙人口的口承文藝，而在學術上，故事的結構亦堪稱爲偉大的說話文學。

　　按照柳田國男氏對民譚的研究，他認爲「昔話」、「傳說」、「笑話」雖然屬於人類同一的精神活動，但都可以各自成立爲不同的樣式。關於歐洲對民話樣式的研究，歐洲學者 Jolles, A. 氏最初著有「單純形式論」，其後 Luthi, M.氏再根據其理論加以延伸，遂成爲今日對民話樣式分野的標準。

　　Luthi 氏對「昔話」和「傳說」做了一些比較，認爲昔話乃具口承文藝的性質，是屬於一次元性與平面性，此種昔話的樣式是抽象的樣式，而且非常純粹化。它不似「傳說」，「傳說」是沒有普遍結合的可能性與世界性。

　　關於民話的構造的研究，蘇聯學者於一九二八年曾經發表過一本書叫「昔話的形態論」（ Morfologija　Skazki ），一九五八年曾譯爲英文出版，這本書頗受到西歐民話研究者的推崇。日本也翻譯爲日文「民話形態學」，一九七二年由白馬書房出版。這本書的結論，對多種的民話，在構造上計分類爲三十一種類型，對古代信仰與現實的英雄人物，頗有許多新的見解。其後美國學者 Dundes, A 氏將其梗概更加以明確化，提出新的術語「 Motifeme 」新名詞，而使民話中多樣的現象，獲得共通與單純的構造。換言之，民話的構成，原是生活地發想（ motif ）的反映，其基本的構成乃爲「 Motifeme 」，由於它的結合，遂形成爲文藝的統一體──一定的樣式，它的功能，應是包納傳承者的社會底共通生活感情與發想。甚或一些下意識中的情感也包括在內。在民話中，對善惡常有明確的對照，或者窮人和富人的對照，善者得福惡者天罰等等的日本民話，都是出自日本人生活中的發想與民族信仰的關連。

　　諸民族間民話比較研究先驅者有芬蘭 Krhn, K. 氏以及 Botle, J. 氏兩人，其後 Grimm 氏兄弟兩人把各國許多民話加以註釋，並將「 motif 」加以記號化。前者的方法，是以地理及歷史學的方法爲基礎，從歐洲各地採集了許多類話的 motif 加以分析和比較，推定其相對的年代，作爲判

斷其原鄉土及原型的方法。今日歐洲對於民話比較研究，大都以此一方法論來做基礎。使用這個方法，從各地採集類話的數目乃具有重要的意義；可是它也有缺點，類話有時是偶然收集得到的，如果搜集不齊全，就會影響到最終的結論。

若要採集目前諸先進國的民話是頗為困難的。蘇聯近年已積極開始從東歐諸國、中東和近東以及亞洲諸民族中採集民話，這個方法頗有前瞻性。據稱先進民族與後進民族之間，由於優越感的影響，對類緣性的研究頗多障礙，因是目前在國際上組織了一個「國際口承文藝學會（International Society for Folknarrative Research）現任會長西德 Ranke, K. 氏，他正利用此一管道，以期克服這項困難。

目下日本分布有六〇〇種以上「話型」，如果將其中所包括鄰近諸國類緣性話型來計算（諸如「天人女房」、「こぶり爺」、「古屋の漏」、「俵藥師」等，其數字可能不止此數。

估且不論此一類緣關係，要之，在日本傳承的民話，正是反映日本民族的心情和風俗習慣，此一特色的探究，才是第一義的重要課題。同時研究民話，其最終的目的，也是從一個國家民話的精密研究，與國際的比較研究，由於一人類文化的探究與諸民間的內在精神，以期得以互相的了解與合作，從而奠定了和諧和均衡的永久和平。

近世尚有所謂民粹學（volkstumskunde），英文作「the science of the folk」，就是針對上述一門學問的一項分工。民粹是指民俗構成此一「俗民」（folklife）文化的成就。即民俗所具有的一切，它的本質，活動和生命、再生力及滲透性。經由上列的諸種要素，一種具有「俗民」性的思想和感情、愛與恨，支配著一個民俗的每一方面。這項狹義的「有限民族背景下所作的俗民文化的研究，其內容對民話的研究，其比重自然是很重的。

民粹（volkstum）是指俗民（folk）或構成此一俗民的全部性質和文化成就。換言之，是指俗民所具有的一切，包括它的本質活用和生命，經由這些，一種具有俗民性的思想和感情，支配著所有俗民的每一方面。民粹學為民俗學的一部份，即民俗學的概念較廣泛，而民粹學則在有限的民族背景下所作的民俗文化之研究。例如專門研究澳州沙漠裡土著的思想和情感，愛與恨，固可稱其為民粹學。圖為澳州沙漠裡一個土著遠望茫茫似海的沙原在遐思。

索引　INDEX

五劃

六劃

十劃

十一劃

十五劃

十六劃

十七劃

二十三劃

二十四劃

著者簡介

　一九一二年生，早年留日，攻讀電機工程
，歷任台電、台糖、台金及軍事工程局工程
師。退休後從事教學及人類學，曾赴中南半
島、菲律賓、婆羅洲作田野調查，並至中南
美洲及非洲採訪和搜集物質文化標本。著有
「台灣土著文化藝術」、「蘭嶼部落文化藝術
」、「原始藝術探究」、「菲島原始文化與藝
術」、「婆羅洲雨林探險記」、「走進叢林」等
書。現任中原大學建築系教授。

藝術家叢書

文化人類學
NOTES ON CULTURAL ANTHROPOLOGY

著　　者：劉其偉
發 行 人：何政廣
編　　輯：陳玉珍
出 版 者：藝術家出版社
　　　　　台北市重慶南路一段147號6 F
　　　　　TEL：(02) 3719692-3
　　　　　FAX：(02) 3317096
郵政劃撥：0104479-8號帳戶

總 經 銷　　時報文化出版企業股份有限公司
　　　　　　桃園縣龜山鄉萬壽路二段351號
　　　　　　TEL：(02) 2306-6842

製版印刷：利全彩色印刷公司
電腦排版：文盛企業有限公司
出版日期：1991年7月初版
　　　　　1994年11月再版
定　　價：280元
登 記 證：行政院新聞局台業字第1749號
版權所有 • 翻印必究
ISBN：957-9500-06-1